El Ministerio Quíntuple

EDUARDO PERAZA-SEGURA

A TODOS..........

A todos los que han apoyado en estos años el ministerio que Dios nos ha dado. A los ministros que están con la Red (R.A.P.I) gracias por su apoyo. A mi familia en Costa Rica y Puerto Rico.

CONTENIDO

LOS CINCO MINISTERIOS

Al mencionar a cristianos o creyentes en Cristo encontraremos una serie de denominaciones, dogmas, creencias y costumbres que no todas están basadas bíblicamente. Las más tradicionales se basan en doctrinas de hombres. Algunas tratan de hacer las cosas bien otras no. Y muchas personas hacen lo que han escuchado pero no necesariamente hacen lo que han leído en la Biblia.

Estudiar sobre el Ministerio Quíntuple, no es estudiar una denominación, ni un concilio, tampoco es un estudio de un mover o una moda. Los cinco ministerios que Jesucristo constituyó, es el sistema de gobierno del Reino de los Cielos aquí en la tierra, establecido por el mismo Jesucristo y diseñado por nuestro Dios Todopoderoso.
Resistir o negar estos ministerios, es ponerse en contra de lo que Dios ha establecido.

"Y él mismo constituyó a unos, apóstoles; a otros, profetas; a otros, evangelistas; a otros, pastores y maestros, a fin de perfeccionar a los santos para la obra del ministerio, para la edificación del cuerpo de Cristo, hasta que todos lleguemos a la unidad de la fe y del conocimiento del Hijo de Dios, a un varón perfecto, a la medida de la estatura de la plenitud de Cristo; para que ya no seamos niños fluctuantes, llevados por doquiera de todo viento de doctrina, por estratagema de hombres que para engañar emplean con astucia las artimañas del error, sino que siguiendo la verdad en amor, crezcamos en todo en aquel que es la cabeza, esto es, Cristo" Efesios 4: 11-15

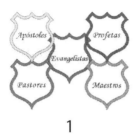

1

EL MINISTERIO QUÍNTUPLE

En Efesios capítulo cuatro, Pablo dijo que cuando Jesús dejó esta tierra dio dones a los hombres. Hay dones espirituales (*1 Corintios 12: 1-12*) y dones ministeriales (*Efesios 4: 11*) a estos se les llama los *"Dones del Ministerio"*, *"Ministerio Quíntuple"* y también *"los dones de la ascensión"* que fueron dados cuando Jesús ascendió al cielo.

Efesios 4: 8 y 11 "Por lo cual dice: Subiendo alto, llevó cautiva la cautividad, y dio dones a los hombres" "Y él mismo constituyó a unos apóstoles, a otros profetas, a otros evangelistas, y a otros pastores y maestros"

Los dones del Ministerio son:

- ✓ Apóstoles.
- ✓ Profetas.
- ✓ Evangelistas.
- ✓ Pastores.
- ✓ Maestros.

El plan de Dios jamás ha sido que estos dones se pierdan. Ahora están siendo restaurados por Dios a su debido lugar. Estos cinco dones del ministerio de Jesús para su iglesia a menudo son denominados el ministerio quíntuple.

Jesús dijo que el edificaría "su iglesia". Y desde aquel entonces las bases ya han sido puestas, la iglesia ha venido trabajando a lo largo de los años. También ha habido tiempos oscuros para la iglesia, tiempos de persecución y tiempos de crecimiento. Aun así, el infierno ni sus demonios ha podido detener lo que nuestro Maestro inició.

> Mateo 16: 18 "Y yo te digo, que tú eres Pedro, y sobre esta roca edificaré mi iglesia; y las puertas del Hades no prevalecerán contra ella"

Cuando Jesús le dijo a Pedro que él sería llamado Piedra o Roca, Pedro era un discípulo, pero no fue hasta después de la ascensión de Jesús al cielo, que de discípulo Pedro pasó a ser apóstol.

La restauración de los cinco ministerios que Jesús está haciendo hoy es de suma importancia. La palabra de Dios revela que nosotros somos su iglesia, y como iglesia debemos de caminar en un mismo sentir, somos un mismo cuerpo.

> Romanos 12: 4-5 "Porque de la manera que en un cuerpo tenemos muchos miembros, pero no todos los miembros tienen una misma función, así nosotros, siendo muchos, somos un cuerpo en Cristo, y todos miembros los unos de los otros"

La Palabra de Dios revela que esta iglesia victoriosa se compone de cada persona que cree en Jesucristo, Su cuerpo unido y trabajando de manera conjunta, cada cual haciendo su parte para hacer avanzar con fuerza el reino de Dios en esta tierra.

Hablar de *ministerio quíntuple,* es hablar de la función ministerial que tenía la Iglesia primitiva como se menciona en el libro de los Hechos. No solo había pastores y evangelistas. Estaban funcionando al 100% los ministerios que Dios había establecido.

Cada creyente hará las mismas obras que nuestro Señor hizo cuando estuvo aquí en la tierra.

> Juan 14: 12 "De cierto, de cierto os digo: El que en mí cree, las obras que yo hago, él las hará también; y aún mayores hará, porque yo voy al Padre"

En aquel entonces Jesús capacitó a doce hombres y después a setenta para que fueran e hicieran lo que él estaba haciendo hasta ese momento.

- ✓ Sanando enfermos.
- ✓ Echando fuera demonios.
- ✓ Anunciando las buenas nuevas.
- ✓ Libertando a los cautivos.

> Mateo 10: 1 "Entonces llamando a sus doce discípulos, les dio autoridad sobre los espíritus inmundos, para que los echasen fuera, y para sanar toda enfermedad y toda dolencia"

Por muchos años se había pensado que las obras de Cristo aquí en la tierra, podían ser hechas por un grupo limitado de personas, a quienes llamaban ministros. Sin embargo Jesús tenía un plan mejor. Cuando Él ascendió de regreso a su Padre, Él dio, apóstoles, profetas, evangelistas, pastores y maestros.

Cada ministerio debían de tener la misma meta:

1) Preparar al pueblo de Dios para las obras del servicio.
2) Edificar el cuerpo de Cristo.
3) Traer al cuerpo a la unidad de la fe.
4) Enseñar el conocimiento del Hijo de Dios.
5) Llevar a los creyentes a la madurez.
6) Llevar a la plenitud de Cristo.

> Efesios 4: 12-13 "a fin de perfeccionar a los santos para la obra del ministerio, para la edificación del cuerpo de Cristo, hasta que todos lleguemos a la unidad de la fe y del conocimiento del Hijo de Dios, a un varón perfecto, a la medida de la estatura de la plenitud de Cristo"

Su trabajo no consistía en hacer todo el trabajo ellos solos, sino más bien capacitar a los demás creyentes para que el ejército de Dios, no solo creciera, sino que estuviera preparado para ganar las batallas espirituales.

La Palabra de Dios también nos revela que cada creyente es un soldado en el ejército de Dios. Aquellos que son llamados por Dios a los cinco ministerios no son los soldados que están en la primera línea del frente de batalla para ganar el mundo con el evangelio de Jesucristo. Por el contrario, son como "sargentos instructores" que deben entrenar a los creyentes para ser soldados poderosos en el ejército de Dios.

Al estudiar sobre el *ministerio quíntuple* y ver a los apóstoles, profetas, evangelistas, pastores y maestros, necesitamos poner a un lado nuestras ideas tradicionales, y entrar a la palabra que está escrita porque no es un asunto que alguien lo inventó, o es una nueva corriente que está de moda.

Siempre se ha dicho que el pastor debe de cuidar a las ovejas, debe de cuidar y administrar la iglesia, debe de trabajar con los demás hermanos para enseñarles la palabra, debe de visitar a los enfermos, tiene que ser un líder de la comunidad o de la ciudad donde está la iglesia, por dar solo algunos ejemplos, y así podemos colocarle una serie de funciones que debe de desempeñar. Pero si lo vemos así, es un desgaste físico, emocional y espiritual para este pastor.

Los creyentes que son educados y formados por los *ministerios quíntuples,* llegarán a ser creyentes maduros y funcionales. Se harán fuertes con conocimiento de la palabra, con autoridad espiritual, operando en amor, y sustentándose cada uno al otro, como los ligamentos sujetan el cuerpo.

> Efesios 4: 14-16 "Ya no seremos como niños, que cambian fácilmente de parecer y que son arrastrados por el viento de cualquier nueva enseñanza hasta dejarse engañar por gente astuta que anda por caminos equivocados. Más bien, profesando la verdad en el amor, debemos crecer en todo hacia Cristo, que es la cabeza del cuerpo. Y por Cristo el cuerpo entero se ajusta y se liga

bien mediante la unión entre sí de todas sus partes; **y cuando cada parte funciona bien, todo va creciendo y edificándose en amor**" (DHH)

Cuando cada parte funciona bien, todo va creciendo. Debemos de aprender más de Dios cada día, y trabajar, no ser ociosos en las cosas del Reino de los Cielos.

LAS FUNCIONES DEL MINISTERIO QUÍNTUPLE

Apóstoles, profetas, evangelistas, pastores y maestros, no son títulos de rango o posición en la iglesia, por el contrario son funciones.

En el mundo vemos que cada profesión tiene primero su título antes que el nombre, ejemplos, Doctor Rodríguez, Ingeniero González, Licenciado Calderón. En el Reino de Dios no es así. En el caso del apóstol Pablo, al escribir sus epístolas a menudo empezaba diciendo "Pablo, apóstol" "Pablo, apóstol de Jesucristo" "Pablo, siervo de Dios y apóstol de Jesucristo" indicando que ser apóstol era un don del Ministerio, o una función en el Cuerpo de Cristo. Nunca decía "Apóstol Pablo" indicando que su apostolado era un título.

Los dones del ministerio (*ministerio quíntuple*) son designados por Dios y no por los hombres.

1 Corintios 12: 27-28 "Pues bien, ustedes son el cuerpo de Cristo, y cada uno de ustedes es un miembro con su función particular. **Dios ha querido que en la iglesia haya,** en primer lugar,

apóstoles en segundo lugar, profetas; en tercer lugar, maestros; luego personas que hacen milagros, y otras que curen enfermos, o que ayudan, o que dirigen, o que hablan en lenguas" (DHH)

Así que en la palabra está escrito, que Dios ha querido que en la iglesia haya, varios ministerios. Lamentablemente aún hay iglesias que el pastor es el único que hace todo, predica, ora, expulsa demonios, da consejería, se encarga de las ofrendas etc. etc.

Nuestro Señor quiere que vivamos una vida plena en el Espíritu, y sobre todo que trabajamos para el Reino de los Cielos. Pero siempre con la humildad y con el amor porque lo que hacemos, lo hacemos para Dios.

Romanos 12: 3-8 "Digo, pues, por la gracia que me es dada, a cada cual que está entre vosotros, que no tenga más alto concepto de sí que el que debe tener, sino que piense de sí con cordura, conforme a la medida de fe que Dios repartió a cada uno. Porque de la manera que en un cuerpo tenemos muchos miembros, pero no todos los miembros tienen la misma función, así nosotros, siendo muchos, somos un cuerpo en Cristo, y todos miembros los unos de los otros. De manera que, teniendo diferentes dones, según la gracia que nos es dada, si el de profecía, úsese conforme a la medida de la fe; o si de servicio, en servir; o el que enseña, en la enseñanza; el que exhorta, en la exhortación; el que reparte, con liberalidad; el que preside, con solicitud; el que hace misericordia, con alegría"

El llamado al ministerio es un llamado para ser siervo del cuerpo de Cristo. Nunca debe de ser considerado como un asunto de orgullo, ni vanagloria mucho menos una posición para estar por encima de todos los demás hermanos. Entre más alta es la responsabilidad, más debemos de servir a los demás. Jesucristo es nuestro modelo.

Juan 13: 3-9 "sabiendo Jesús que el Padre le había dado todas las cosas en las manos, y que había salido de Dios, y a Dios iba, se levantó de la cena, y se quitó su manto, y tomando una toalla, se la ciñó. Luego puso agua en un lebrillo, y comenzó a lavar los pies de los discípulos, y a enjugarlos con la toalla con que estaba ceñido. Entonces vino a Simón Pedro; y Pedro le dijo: Señor, ¿tú me lavas los pies? Respondió Jesús y le dijo: Lo que yo hago, tú no lo comprendes ahora; mas lo entenderás después. Pedro le dijo: No me lavarás los pies jamás. Jesús le respondió: Si no te lavare, no tendrás parte conmigo. Le dijo Simón Pedro: Señor, no sólo mis pies, sino también las manos y la cabeza"

Juan 13: 12-17 "Así que, después que les hubo lavado los pies, tomó su manto, volvió a la mesa, y les dijo: ¿Sabéis lo que os he hecho? Vosotros me llamáis Maestro, y Señor; y decís bien, porque lo soy. Pues si yo, el Señor y el

Maestro, he lavado vuestros pies, vosotros también debéis lavaros los pies los unos a los otros. Porque ejemplo os he dado, para que como yo os he hecho, vosotros también hagáis. De cierto, de cierto os digo: El siervo no es mayor que su señor, ni el enviado es mayor que el que le envió. Si sabéis estas cosas, bienaventurados seréis si las hiciereis"

El ejemplo es muy claro, debemos ser siervos, en vez de señores. Debemos de ser útiles a los demás, si nuestro Señor lo hizo, y decimos que somos sus discípulos, entonces debemos de hacerlo.

1 Corintios 10: 24 "No hay que buscar el bien de uno mismo, sino el bien de los demás" (DHH)

Mateo 20: 26-28 "Mas entre vosotros no será así, sino que el que quiera hacerse grande entre vosotros será vuestro servidor, y el que quiera ser el primero entre vosotros será vuestro siervo, como el Hijo del hombre no vino para ser servido, sino para servir, y para dar su vida en rescate por muchos"

JESÚS CUMPLIÓ CADA DON DEL MINISTERIO

Cuando Jesús estuvo en la tierra, operó bajo los dones ministeriales. Cuando Él regresó al Padre, le dio estos dones a los hombres para continuar y completar la obra que había comenzado.

Apóstol. Jesús era el enviado, un Apóstol. A Él se le llama el Apóstol o el Sumo Sacerdote de nuestra confesión.

> Hebreos 3: 1 "Por tanto, hermanos santos, participantes del llamamiento celestial, considerad al apóstol y sumo sacerdote de nuestra profesión, Cristo Jesús"

Profeta. Jesús era un profeta bajo el antiguo pacto.

> Lucas 4: 24 "Y añadió: De cierto os digo, que ningún profeta es acepto en su propia tierra"

> Juan 4: 19 "Le dijo la mujer: Señor, me parece que tú eres profeta"

Pastor. Jesús era y es el buen pastor.

> Juan 10: 14 "Yo soy el buen pastor; y conozco mis ovejas, y las mías me conocen"

> 1 Pedro 5: 4 "Y cuando aparezca el Príncipe de los pastores, vosotros recibiréis la corona incorruptible de gloria"

Evangelista. Jesús era un predicador, un verdadero evangelista, el anunciaba el evangelio del Reino.

> Lucas 4: 18 "El Espíritu del Señor está sobre mí, Por cuanto me ha ungido para dar buenas nuevas a los pobres; Me ha enviado a sanar a los quebrantados de corazón; A pregonar libertad a

los cautivos, Y vista a los ciegos; A poner en libertad a los oprimidos"

Maestro. Jesús fue el más grande maestro que ha existido.

> Mateo 9: 35 "Recorría Jesús todas las ciudades y aldeas, enseñando en las sinagogas de ellos, y predicando el evangelio del reino, y sanando toda enfermedad y toda dolencia en el pueblo"

Por muchos años se han reconocido solo tres dones ministeriales, pastor, evangelista y maestro, que en la mayoría de los casos el maestro es el que da la *"escuelita dominical"*. En cuanto vemos el cuerpo de Cristo y leemos la palabra, vemos que hemos fallado en llegar a la "a la medida de la plenitud de Cristo"

> Efesios 4:13 "hasta que todos lleguemos a la unidad de la fe y del conocimiento del Hijo de Dios. A un varón perfecto, a la medida de la estatura de la plenitud de Cristo"

Estos dones del ministerio (*ministerio quíntuple*) continuarán hasta que Jesús venga en las nubes a buscar a su novia, sin mancha y sin arruga.

DEFINICIÓN DEL MINISTERIO QUÍNTUPLE

Apóstol: La palabra griega, *"apóstolos"* traducida "apóstol" significa una persona enviada al frente, alguien enviado, mensajero, representante de quien lo envía. La palabra apóstol aparece 79 veces en el Nuevo Testamento.

Profeta: La palabra griega, *"profeteuo"* traducida "profeta" significa predecir eventos, pronosticar, hablar bajo inspiración. Una persona a quien le es comunicado el mensaje de Dios para su proclamación.

Evangelista: La palabra griega, *"euangelistes,"* traducida "evangelista" significa mensajero de buenas nuevas. El evangelista es el que guía a los incrédulos al conocimiento de Cristo.

Pastor: La palabra griega, *"poimen"* traducida "pastor" significa pastor, alguien que cuida la manada o los rebaños, que guía y alimenta, supervisor. La palabra pastor es la traducción del griego *"poimen"* que en su raíz significa proteger o el que cuida al prójimo también se traduce como *"pimen"* que significa encargado de atender y cuidar ovejas.

Maestro: La palabra griega, *"didaskalo"* significa instructor. En el Antiguo Testamento era la persona encargada de enseñar los estatutos, los decretos, los mandamientos y los pactos.

LOS CINCO PASOS DEL ORDEN MINISTERIAL.

Cuando hay un verdadero ministerio se dan los siguientes pasos:

- ✓ Tiene llamado
- ✓ Es establecido
- ✓ Es confirmado
- ✓ Es ordenado
- ✓ Y luego es enviado

Le llamamos *ministerio quíntuple*, porque se compone de cinco partes. Es interesante ver como Dios creó cinco sentidos en el ser humano, y que la mano tenga cinco dedos.

COMPARACIÓN DEL *MINISTERIO QUÍNTUPLE* CON LA MANO:

Dedo pulgar = Apóstol

Supervisa los ministerios, pone los fundamentos divinos y confirma ministerios.

Dedo índice = Profeta

Vidente, señala la palabra, trae edificación, exhortación y consolación, habla del pasado, presente y futuro de Dios.

Dedo corazón (o del centro) = Evangelista

Trae salvación convence a los incrédulos, alcanza las almas y las aviva.

Dedo anular = Pastor

Apacienta a las ovejas, las cuida y las alimenta. En este dedo se coloca el anillo matrimonial, símbolo de compromiso con el pueblo de Dios.

Dedo meñique = Maestro

Abre los oídos, es el que instruye, pone los cimientos de la palabra y extrae la revelación.

Así como son necesarios todos los dedos para que una mano completa funcione bien, se necesitan todos los ministerios para la edificación completa de los santos.

2

LOS ANCIANOS Y EL MINISTERIO QUÍNTUPLE

Hay dos posiciones que fueron también establecidos por Dios en la iglesia. Los obispos (*también llamados ancianos*) y los diáconos. La posición de un anciano también llamado obispo, fue la de gobernar. Ellos fueron escogidos por Dios y designados por los apóstoles.

> Filipenses 1: 1 "Pablo y Timoteo, siervos de Jesucristo, a todos los santos en Cristo Jesús que están en Filipos, con los **obispos y diáconos**"

> Hechos 14: 23 "**Y constituyeron ancianos en cada iglesia**, y habiendo orado con ayunos, los encomendaron al Señor en quien habían creído"

En aquel entonces no les decían a los miembros de las iglesias que tenían que ir a hacer un Instituto, o que tenían que estudiar para poder ejercer como pastor de una iglesia. Con esto no quiero decir que no hay que estudiar, de hecho en nuestro *Ministerio Dios Proveerá* nos preocupamos mucho por la capacitación de cada creyente, que conozcan la palabra, que la mediten de día y de noche. Pero a lo que nos referimos es que, estos siervos con ayunos y oraciones, escuchaban a Dios, y Dios les decía quién o quienes estaban llamados para ejercer el ministerio.

> 1 Timoteo 3: 1 "Palabra fiel: Si alguno anhela obispado, buena obra desea"

Esto es respecto a los obispos (*ancianos*) que son los que comienzan a pastorear, puede ser un campo blanco, un grupo en una casa, o una iglesia nueva. Y con los diáconos, también deben de estar en la iglesia. La posición de una diacono es de servir. Ellos fueron escogidos por los creyentes y confirmados por los apóstoles.

> 1 Timoteo 3: 10 "Y éstos también sean sometidos a prueba primero, y entonces ejerzan el diaconado, si son irreprensibles"

En las iglesias, la responsabilidad no puede recaer solo sobre el pastor o un grupo limitado de personas. Cada creyente es responsable de crecer y madurar espiritualmente, pero también debe de hacer algo para la obra del Señor.

> Hechos 6: 2-4 "Entonces los doce convocaron a la multitud de los discípulos, y dijeron: No es justo que nosotros dejemos la palabra de Dios, para servir a las mesas. Buscad, pues, hermanos, de entre vosotros a siete varones de buen testimonio, llenos del Espíritu Santo y de

> sabiduría, a quienes encarguemos este
> trabajo. Y nosotros persistiremos en la
> oración y en el ministerio de la palabra"

Dice que había una multitud de discípulos, y los apóstoles hacían todo. Mientras los discípulos solo recibían, la palabra, la oración y la ministración.

Actualmente hay muchas iglesias así, que la mayor parte de los hermanos, solo llegan a sentarse, y no hacen nada más. Pero esto puede ser por dos razones:

1. Los hermanos no quieren hacer nada y no estudian la palabra.

2. Los apóstoles, pastores o líderes, tienen miedo que otro haga el trabajo mejor que ellos, y entran en celos ministeriales.

En el libro de los Hechos, dice que los apóstoles dijeron que no era justo que ellos sirvieran a la mesa, e hicieron participes a los demás creyentes cuando les dijeron: *Buscad, pues, hermanos, de entre vosotros a siete varones de buen testimonio, llenos del Espíritu Santo y de sabiduría, a quienes encarguemos este trabajo,* hay que notar que ellos no dijeron, nosotros como somos los apóstoles los vamos a escoger, no, ellos, le dieron participación a los demás hermanos, aunque al final los apóstoles oraron por ellos y les impusieron las manos.

> Hechos 6: 5-6 "Agradó la propuesta a toda la
> multitud; y eligieron a Esteban, varón lleno de fe
> y del Espíritu Santo, a Felipe, a Prócoro, a
> Nicanor, a Timón, a Parmenas, y a Nicolás
> prosélito de Antioquía; a los cuales presentaron

ante los apóstoles, quienes, orando, les impusieron las manos"

EL SIGNIFICADO DE LA PALABRA ANCIANO

Anciano = Presbuteros

Presbuteros significa anciano, una persona de edad mayor, o alguien con antigüedad. Aunque dentro de la iglesia, una persona de edad mayor sin ser de la tercera edad, puede ser anciano.

Por ejemplo, un creyente que tiene 30 o 40 años de edad, no es un anciano, pero en el término eclesiástico, si puede ser un anciano.

Y también una persona de 70 o 80 años puede ser un niño espiritual. Porque esto lo determina su antigüedad en el evangelio, su madurez y su testimonio. No es por la edad de vida que tiene, sino por su conocimiento, y buen testimonio.

> Tito 2: 2-3 "Que los ancianos sean sobrios, serios, prudentes, sanos en la fe, en el amor, en la paciencia. Las ancianas asimismo sean reverentes en su porte; no calumniadoras, no esclavas del vino, maestras del bien"

La palabra anciano fue usada para las iglesias locales.

> Hechos 14: 23 "También nombraron ancianos en cada iglesia, y después de orar y ayunar los encomendaron al Señor, en quien habían creído" (DHH)

ALGUNOS VERSÍCULOS REFERENTES A LOS ANCIANOS.

1 Timoteo 5:17 "Los ancianos que gobiernen bien, sean tenidos por dignos de doble honor, mayormente los que trabajan en predicar y enseñar"

Tito 1:5 "Por esta causa te dejé en Creta, para que corrigieses lo deficiente, y establecieses ancianos en cada ciudad, así como yo te mandé"

Los ancianos son muy útiles y de suma importancia en el Ministerio. Ellos eran hombres y mujeres de Dios, llenos del Espíritu Santo y con una Unción poderosa.

Santiago 5: 14 "¿Esta alguno enfermo entre vosotros? Llame a los ancianos de la iglesia, y oren por él, ungiéndole con aceite en el nombre del Señor"

También se menciona a los ancianos de Judea cuando hubo gran hambre en toda la tierra, los discípulos ayudaron a los ancianos.

Hechos 11: 29-30 "Entonces los creyentes de Antioquía decidieron enviar ayuda a los hermanos que vivían en Judea; lo cual en efecto hicieron, enviándolo a los ancianos por mano de Bernabé y Saulo" (DHH)

Los ancianos forman parte del cuerpo apostólico, y toman decisiones en conjunto.

> Hechos 15: 22 "Los apóstoles y los ancianos, con toda la iglesia, decidieron escoger algunos de entre ellos y enviarlos a Antioquía junto con Pablo y Bernabé. Nombraron a Judas, que también se llamaba Barsabás, y a Silas, hombres de importancia entre los hermanos"

ANCIANOS EN LA IGLESIA LOCAL

Ancianos nombrados por los apóstoles

Los apóstoles nombraron y ordenaron ancianos en cada iglesia de cada ciudad.

> Hechos 14: 23 "Y constituyeron ancianos en cada iglesia, y habiendo orado con ayunos, los encomendaron al Señor en quien habían creído"

> Tito 1:5 "Por esta causa te dejé en Creta, para que corrigieses lo deficiente, y establecieses ancianos en cada ciudad, así como yo te mandé"

Ayudaban a tomar decisiones, los apóstoles se reunían con los ancianos para tomar consejo, y tomar decisiones.

> Hechos 15: 2 "Como Pablo y Bernabé tuviesen una discusión y contienda no pequeña con ellos, se dispuso que subiesen Pablo y Bernabé a Jerusalén, y algunos otros de ellos, a los apóstoles y a los ancianos, para tratar esta cuestión"

En ese entonces la iglesia no tenía ninguna jerarquía eclesiástica, por lo tanto ellos debían de nombrar en cada iglesia los ancianos locales. En Jerusalén estaban los discípulos (apóstoles) y muchas decisiones se tomaban en ahí Jerusalén cuando las iglesias locales no podían resolver sus cosas, ellos como presbiterio apostólico, oraban, ayunaban y escuchaban al Espíritu Santo para saber cómo salirte adelante.

> Hechos 15: 4 y 6 "Y llegados a Jerusalén, fueron recibidos por la iglesia y los apóstoles y los ancianos, y refirieron todas las cosas que Dios había hecho con ellos." "Y se reunieron los apóstoles y los ancianos para conocer de este asunto"

Obviamente los ancianos, son parte importante del liderazgo de la iglesia, que están participando de las cosas doctrinales, morales y espirituales de la iglesia local.

Cuando decimos iglesia local, es porque cada iglesia debe de tener a sus ancianos. Según leemos en la Biblia, la doctrina apostólica, no solo eran Pedro, Pablo, Santiago entre otros, hay evidencia que también los ancianos tomaban las decisiones importantes.

> Hechos 15: 22 "Los apóstoles y los ancianos, con toda la iglesia, decidieron escoger algunos de entre ellos y enviarlos a Antioquía junto con Pablo Y Bernabé. Nombraron a Judas, que también se llamaba Barsabás, y a Silas, hombres de importancia entre los hermanos" (DHH)

La iglesia local se preocupaba por las nuevas iglesias. La labor misionera debe de continuar, actualmente muchas iglesias y ministerios se preocupan solo por lo suyo, sin tomar en cuenta a las demás, ni tienen una visión de seguir con ese llamado de Jesucristo de id por todo el mundo. La iglesia local debe de tener un plan, o un ministerio interno que trabaje por las misiones. No podemos quedarnos solo dentro de las cuatro paredes, cuando entendamos ese llamado misionero, que puede ser en su propio país o en otro, el número de creyentes aumentará.

> Hechos 16: 4 "En todos los pueblos por donde pasaban, comunicaron a los hermanos las instrucciones dadas por los apóstoles y los ancianos de la iglesia en Jerusalén. Así que las iglesias se afirmaban en la fe, y el número de creyentes aumentaba cada día" (DHH)

LOS CINCO MINISTERIOS SON ANCIANOS.

Hay que tener claro que los ministerios no son posiciones, sino privilegios dados por Dios para servir. Los apóstoles, profetas, maestros, pastores y evangelistas, también eran ancianos. Pero no todos los ancianos son apóstoles o profetas, vemos el siguiente ejemplo:

> 1 Pedro 5: 1 "Ruego a los ancianos que están entre vosotros, yo anciano también con ellos, y testigo de los padecimientos de Cristo, que soy también participante de la gloria que será revelada"

Pedro era apóstol, pero el mismo reconoce que es un anciano, y no por la edad, sino porque él sabía cuál era su función. Me duele mucho, ver como al día de hoy, hay "apóstoles" que ni siquiera atienden o se reúnen con los demás hermanos, ancianos, diáconos o servidores, muchos solo hacen reuniones de "cierto nivel".

Los ancianos de la iglesia local que enseñan y predican, dice la Biblia que se deben de tratar doblemente apreciados.

> 1 Timoteo 5: 17-*18* "Los ancianos que gobiernan bien, sean tenidos por dignos de doble honor, mayormente los que trabajan en predicar y enseñar. Pues la escritura dice: No pondrás bozal al buey que trilla; y: digno es el obrero de su salario"

EL MINISTERIO DE LOS ANCIANOS.

Los ancianos deben de funcionar en cada iglesia local. Los ancianos son personas de testimonio, servidores de Dios, que merecen también el aprecio de los demás hermanos. Y cuando la Biblia dice que le apreciaban (*dignos de honor*) no es solamente que los hermanos les trataban bien de palabra, sino que también velaban por las necesidades del anciano y de su familia.

> 1 Timoteo 5: 18 "Pues la escritura dice: No pondrás bozal al buey que trilla; y: digno es el obrero de su salario"

Cuando una iglesia está comenzando, y que aún no hay un pastor, la iglesia local enviaba a ancianos, para que cuidaran del rebaño. Los ancianos van no solo a pastorear, van a evangelizar y a enseñar, por eso decimos que los cinco ministerios son ancianos. Hay que notar que la palabra no dice que los apóstoles enviaron pastores, ellos enviaron ancianos.

> Hechos 14: 23 "Y constituyeron ancianos en cada iglesia, y habiendo orado con ayunos, los encomendaron al Señor en quien habían creído"

LOS ANCIANOS TIENEN EL LLAMADO DE VELAR Y CUIDAR A LAS OVEJAS.

> 1 Pedro 5: 1-3 "Quiero aconsejar ahora a los ancianos de las congregaciones de ustedes, yo que soy anciano como ellos y testigo de los sufrimientos de Cristo, y que también voy a tener parte en la gloria que ha de manifestarse. Cuiden de las ovejas de Dios que han sido puestas a su cargo; háganlo de buena voluntad, como Dios quiere, y no forzadamente ni por ambición de dinero, sino de buena gana. Compórtense no como si ustedes fueran los dueños de los que están cuidando, sino procurando ser un ejemplo para ellos" (DHH)

En estos versículos, Pedro pone claro que él es un anciano como ellos, que cuiden de las ovejas de Dios (no de ellos) y que mantengan un buen comportamiento no como dueños de las ovejas, sino como verdaderos siervos de Cristo. Porque de esa misma grey saldrán ancianos y posiblemente apóstoles, profetas, maestros, pastores y evangelistas, por lo tanto el ejemplo se debe de dar para que a futuro esos discípulos hagan lo que el maestro les enseñó.

Aunque uno de los requisitos de los ancianos era que pudieran enseñar, parece que no todos funcionaban en un ministerio de predicar o enseñar dentro de la iglesia local. Después que los fundamentos habían sido puestos por el apóstol y el profeta, ellos habían nombrado ancianos en la iglesia local, aquellos a quienes Dios había escogido para funcionar como pastores y maestros, eran nombrados, reconocidos e instalados en el ministerio por la imposición de manos del apóstol, profetas y otros ancianos.

A medida que los creyentes eran edificados en la Palabra y discipulados por el ministerio de aquellos que funcionaban como pastores y maestros, aquellos que habían sido elegidos por Dios para funcionar como evangelistas también eran nombrados, reconocidos e instalados en el ministerio por la imposición de manos de los ancianos. El evangelista entrenaba y movilizaba a los creyentes en la iglesia local para operar en el evangelismo de milagros.

El cuerpo podía madurar y ser equipado para la obra del ministerio solamente al ser ministrado por cada uno de los dones del ministerio quíntuple.

EL GOBIERNO DE LA IGLESIA EN EL NUEVO TESTAMENTO

El gobierno de la iglesia, en lugar de ser una organización, asociación o denominación de hombres, era una relación en el Espíritu entre hombres que estaban llamados a ser apóstoles y los ancianos o supervisores de una iglesia local.

Los ancianos, supervisores, superintendentes u obispos sólo operaban fuera de una iglesia local particular durante los períodos en que estaban cumpliendo la función de su don en el ministerio quíntuple, y esto sucedía sólo cuando eran enviados por su iglesia local para esa función en particular.

La iglesia local en lugar de ser una "iglesia madre" que gobierna y controla otras iglesias, era el cuerpo de creyentes que los enviaba.

Enviaba a quienes iban a cumplir sus funciones de ministerio como parte del ministerio quíntuple. A medida que los apóstoles y profetas ponían fundamentos, establecían iglesias y nombraban ancianos en cada iglesia, se establecían profundas relaciones espirituales. Estas relaciones en el Espíritu eran la única conexión entre las iglesias. Había relaciones entre las personas funcionando en los cinco ministerios.

Los ancianos que eran nombrados por los apóstoles aparentemente eran aquellos que estaban llamados para funcionar en uno de los cinco ministerios en aquella iglesia en particular. La función de los ancianos en cada iglesia local nunca estaba limitada a un solo individuo.

Sin embargo, Dios siempre ha levantado a un individuo para el liderazgo espiritual de su pueblo. Moisés es un ejemplo de esto, también lo fue el rey David.

Uno de los ancianos siempre era señalado como líder. Aquel que es el anciano líder a menudo tiene el don ministerial de pastor. Este hombre era llamado por Dios, confirmado por los apóstoles y profetas y reconocido por los otros ancianos y creyentes en la iglesia local. Había un anciano líder que era reconocido por su llamado, don, unción, visión y capacidad para dirigir.

Los ancianos son siervos fieles a Dios, al Ministerio y a los hermanos, este ejemplo lo vemos cuando Pablo escribió.

> Filipenses 4: 3 "Asimismo te ruego también a ti, compañero fiel, que ayudes a éstas que combatieron juntamente conmigo en el evangelio, con Clemente también y los demás colaboradores míos, cuyos nombres están en el libro de la vida"

Aparentemente Pablo le está escribiendo al anciano de la iglesia local de Filipos, al que le llama por compañero fiel, porque le dice que ayude a Evodia y a Síntique (v2).

Se pide que no solo los ancianos sean fieles, sino también los hermanos en general sean fieles con los ancianos.

> 1 Pedro 5: 5 "Igualmente, jóvenes, estad sujetos a los ancianos; y todos, sumisos unos a otros, revestíos de humildad; porque: Dios resiste a los soberbios, y da gracia a los humildes"

Esto porque hay muchas personas (no solo jóvenes) que piensan que un anciano no tiene autoridad, o hay hermanos que son de más edad que los ancianos y no los respetan, creen que porque tienen más edad o más tiempo en esa iglesia local, el anciano está por debajo de él o ella. Hay que tener presente que el anciano puede ser un pastor o cualquiera de los cinco ministerios que llega a esa iglesia enviado por los apóstoles, profetas y demás ancianos, a cuidar del rebaño del Señor.

Hemos visto el caso de Pedro, también el de Pablo, y ahora vemos el del anciano líder de Jerusalén, Santiago (Jacobo).

> Hechos 15: 13-19 "Cuando terminaron de hablar, Santiago dijo" – "Considero, por lo tanto, que no se les debe de imponer cargas innecesarias a aquellos que, no siendo judíos, dejan sus antiguas creencias para seguir a Dios" (DHH)

Todos los ancianos participaron en la consideración de la cuestión doctrinal que se había convertido en problema. Sin embargo, fue Jacobo como el anciano líder o cabeza que tuvo que dar el juicio final.

Es obvio que todos los ancianos y los apóstoles estaban participando activamente en el proceso de tomar decisiones con la bendición de toda la iglesia.

JESÚS ES LA CABEZA DE LA IGLESIA

Jesús es la cabeza de la iglesia. Sin embargo bajo el liderazgo de Jesús había también un liderazgo ordenado por Dios sobre la iglesia local. Este liderazgo se encontraba en el anciano líder, quien junto con todos los ancianos funcionaba para gobernar bien y para perfeccionar a los santos para la obra del ministerio.

CAMBIOS EN EL PATRÓN.

Si nuestro patrón de iglesia no está de acuerdo al modelo del Nuevo Testamento, debemos de estar dispuestos a hacer los cambios para bendición de toda la iglesia. Esto no es un asunto de tradición, es un asunto que Jesús lo estipuló desde el principio, y con esto no queremos decir que lo que se está haciendo hasta el día de hoy está mal, porque de una manera u otra la iglesia ha ido caminando y creciendo, pero si lo vemos del punto de vista espiritual, entonces el panorama cambiará. Dios está restaurando los cinco ministerios en su iglesia para estos tiempos.

CAMBIOS SIN CONFLICTO.

Cuando recibimos esta revelación, debemos de orar a Dios para que el tiempo y la iglesia local vaya asimilando estos cambios que son para bien, es un tiempo prudencial, sin correr a tomar decisiones. Al proceder de esta manera, evitaremos discusiones innecesarias que al final lo que pueden producir es división y heridas entre los demás creyentes. Hay muchos pastores que son apóstoles, pero su sistema de organización no los reconoce como tal. También muchos se sienten extraños que después de tanto tiempo de que les llamen pastores, le digan apóstoles. Esto no significa que no sean apóstoles de Dios.

Las decisiones acerca del gobierno de la iglesia deben ser una función de quien es reconocido como apóstol (la capa fundamental junto con el anciano líder y los demás ancianos de la iglesia). No debe convertirse en un asunto que pueda conducir a una división en la asamblea de creyentes.

REQUISITOS DE LOS ANCIANOS.

Los ancianos nunca fueron elegidos por la congregación en su conjunto. Fueron escogidos por Dios y nombrados por los apóstoles. La lista de requisitos dada en las Escrituras era para el uso de los apóstoles o los mismos ancianos, al considerar el llamado de Dios sobre una persona en particular, para que fuera designada como anciano.

Cualquier persona que Dios ha seleccionado como anciano, o para servir en uno de los cinco ministerios, debe cumplir los requisitos que Dios ha establecido. Esta lista de requisitos fue dada en los siguientes pasajes.

> 1 Timoteo 3: 1-7 "Esto es muy cierto. Si alguien aspira al cargo de presidir la comunidad, a un buen trabajo aspira. Por eso, el que tiene este cargo ha de ser irreprensible. Debe de ser esposo de una sola mujer y llevar una vida seria, juiciosa y respetable. Debe estar siempre dispuesto a hospedar gente en su casa; debe de ser apto para enseñar, no debe de ser borracho ni amigo de peleas, sino bondadoso, pacífico y desinteresado en cuanto al dinero. Debe saber gobernar bien su casa y hacer que sus hijos sean obedientes y de conducta digna, ¿cómo podrá cuidar de la iglesia de Dios? Por lo tanto, el dirigente no debe de ser un recién convertido, no sea que se llene de orgullo y caiga bajo la misma condenación en que cayó el diablo. También debe de ser respetado entre los no creyentes, para que no caiga en deshonra y en alguna trampa del diablo" (DHH)

Tito 1:6-9 "el que fuere irreprensible, marido de una sola mujer, y tenga hijos creyentes que no estén acusados de disolución ni de rebeldía. Porque es necesario que el obispo sea irreprensible, como administrador de Dios; no soberbio, no iracundo, no dado al vino, no pendenciero, no codicioso de ganancias deshonestas, sino hospedador, amante de lo bueno, sobrio, justo, santo, dueño de sí mismo, retenedor de la palabra fiel tal como ha sido enseñada, para que también pueda exhortar con sana enseñanza y convencer a los que contradicen"

Tito 2: 2-3 "Que los ancianos sean sobrios, serios, prudentes, sanos en la fe, en el amor, en la paciencia. Las ancianas asimismo sean reverentes en su porte; no calumniadoras, no esclavas del vino, maestras del bien"

No podemos cambiar los decretos que Dios dejó a los hombres.

Muchos quieren tener un puesto en la iglesia, pero si no son ejemplo, si no cumplen lo que la palabra dice, entonces el puesto no debe de ser en el altar, debería ser en una silla, hasta que se arrepienta y Dios transforme su corazón.

Algunas personas dicen que eso es legalismo pero no, es obediencia a la palabra de Dios.

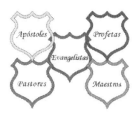

3

EL MINISTERIO DEL APÓSTOL

Iniciamos esta lección con un Ministerio que Dios instituyó, y que el mismo Jesucristo estipuló para la iglesia. El ministerio del apóstol.

> 1 Corintios 12: 28 "Y a unos puso Dios en la iglesia, primeramente apóstoles, luego profetas, lo tercero maestros, luego los que hacen milagros, después los que sanan, los que ayudan, los que administran, los que tienen don de lenguas"

> Efesios 4: *11* "Y él mismo constituyó a unos, apóstoles; a otros, profetas; a otros, evangelistas; a otros, pastores y maestros"

Un apóstol es alguien enviado con la autoridad de establecer iglesias sobre un fundamento sólido de la Palabra de Dios.

Fortalecerá las iglesias que ya existen en las doctrinas fundamentales y en las enseñanzas prácticas de la Palabra.

Ministrará con denuedo y autoridad, y con conocimiento por revelación del Espíritu Santo.

Funcionará en todos los dones del ministerio y operará en todos los dones del Espíritu Santo. Ministrará a partir de una profunda relación personal con Dios y tendrá una relación de "padre" con aquellos a quienes ministra.

Las señales, maravillas y milagros de sanidades se manifestarán continuamente en su ministerio. Su don ministerial será reconocido y recibido como una relación del Espíritu con ciertas iglesias y otros ministerios. No será una relación de organización o denominación humana. A partir de esta relación espiritual, el apóstol gobernará (de acuerdo a la palabra de Dios) y traerá toda disciplina, responsabilidad, estabilidad y protección del engaño que sean necesarias para las vidas de los creyentes, los ministerios y las iglesias, y no es que van a imponer una nueva doctrina o un evangelio diferente, todo de acuerdo a lo que está escrito en la Biblia.

El apóstol funcionará de cerca con el ministerio del profeta en designar y ordenar ancianos, confirmando el llamado de Dios en la vida de ciertos creyentes y estableciéndolos en la función del don ministerial a que Dios los ha llamado. Impartirá y liberará a los creyentes para que operen en los dones del Espíritu Santo por la imposición de manos.

El apóstol ministrará y hablará con autoridad pero **será un hombre bajo autoridad porque rendirá cuentas primeramente a Dios** y después a los otros apóstoles y ancianos de la iglesia que lo envió.

> Romanos 13: 1 "Sométase toda persona a las autoridades superiores; porque no hay autoridad sino de parte de Dios, y las que hay, por Dios han sido establecidas"

EL ORIGEN DE LA PALABRA APÓSTOL.

La palabra griega "apostolos" significa alguien que es enviado. La palabra "apostolos" fue usada en el mundo clásico griego para referir un emisario o embajador. Fue usada para referirse a una flota de barcos que era enviada con el propósito de establecer una colonia nueva. Fue usada para el almirante que dirigía o comisionaba la flota y fue usada para referirse a la nueva colonia que había sido fundada.

Por lo tanto, en su uso normal la palabra "apóstol" implicaba una relación fiel con aquellos que los habían enviado y una fidelidad a la comisión y el propósito por el cual habían sido enviados.

> Hebreos 3: 1-2 "Por tanto, hermanos santos, participantes del llamamiento celestial, considerad al apóstol y sumo sacerdote de nuestra profesión, Cristo Jesús; el cual es fiel al que le constituyó, como también lo fue Moisés en toda la casa de Dios"

Jesucristo es nuestro apóstol, es nuestro sumo sacerdote. Él es nuestro modelo a seguir. Jesús hizo la función de los cinco ministerios. El apóstol es el enviado por Dios, a hacer lo que otros no han hecho, en este caso evangelizar y abrir nuevas iglesias entre otras cosas. Más adelante veremos lo que no es un apóstol, o las famosas "coberturas".

El apóstol debía ser una extensión y una manifestación visible y real de Aquél que lo había enviado. Jesús fue el Gran Apóstol enviado desde el Padre para establecer la iglesia y para representar fielmente la voluntad del Padre. En el salmo 40 se habla de la obediencia de Jesús como enviado (*apóstol*) de Dios.

> Salmo 40: 7-8 "Entonces dije: He aquí, vengo; en el rollo del libro está escrito de mí; el hacer tu voluntad, Dios mío, me ha agradado, y tu ley está en medio de mi corazón"

Así lo cita el Padre Nuestro, *hágase tu voluntad, como en el cielo, así también en la tierra.* Un verdadero apóstol tiene que hacer la voluntad de Dios, para que el nombre del Señor sea glorificado. El apóstol es el enviado de Dios, es como un mensajero y el importante no es el mensajero, sino el mensaje. Un apóstol tiene que ser un siervo, no que lo sirvan los demás hermanos y mucho menos que caiga en la adulación del pueblo.

> Mateo 20: 26-28 "Pero entre ustedes no debe de ser así. Al contrario, el que entre ustedes quiera ser grande, deberá servir a los demás; y el que entre ustedes quiera ser el primero, deberá ser su esclavo. Porque, del mismo modo, el Hijo del hombre no vino para que le sirvan, sino para servir y para dar su vida en rescate de una multitud"

DIFERENTES NIVELES APOSTÓLICOS SEGÚN LA BIBLIA.

Jesucristo el Gran Apóstol.

Como el Gran Apóstol, Jesús no vino por su cuenta. Fue enviado por Su Padre. Él sólo hizo lo que fue enviado a hacer. Aquellos que lo recibieron, recibieron al Padre. Como el Gran Apóstol, Él fue el patrón del ministerio para todos los demás apóstoles.

> Hebreos 3: 1 "Por tanto, hermanos santos, participantes del llamamiento celestial, considerad al apóstol y sumo sacerdote de nuestra profesión, Cristo Jesús"

> Juan 5: 30 "No puedo yo hacer nada por mí mismo; según oigo, así juzgo; y mi juicio es justo, porque no busco mi voluntad, sino la voluntad del que me envió, la del Padre"

> Juan 6: 38 "Porque he descendido del cielo, no para hacer mi voluntad, sino la voluntad del que me envió"

LOS DOCE APÓSTOLES.

Los primeros doce apóstoles fueron llamados y nombrados por Jesús durante su ministerio terrenal. En el libro de Apocalipsis, se hace referencia a ellos como los "doce apóstoles del Cordero."

> Apocalipsis 21: 14 "Y el muro de la ciudad tenía doce cimientos, y sobre ellos los doce nombres de los doce apóstoles del Cordero"

Pablo reconoció a estos como los grandes apóstoles.

> 2 Corintios 11: 5 "y pienso que en nada he sido inferior a aquellos grandes apóstoles"

> 2 Corintios 11: 5"Pero considero que en nada soy inferior a esos súper apóstoles" (NVI)

OTROS APÓSTOLES EN EL NUEVO TESTAMENTO.

Muchas personas piensan que solo existieron doce apóstoles y luego Pablo. Jesús después de que ascendió al cielo, constituyó apóstoles y los demás ministerios, por lo tanto los apóstoles no quedaron solo en los doce primeros.

Andrónico y Junias.

> Romanos 16:7 "Saluden a Andrónico y a Junías, mis parientes y compañeros de cárcel, destacados entre los apóstoles y convertidos a Cristo antes que yo" (NVI)

Apolos.

> 1ra Corintios 4:6 y 9 "Pero esto, hermanos, lo he presentado como ejemplo en mí y en Apolos por amor de vosotros, para que en nosotros aprendáis a no pensar más de lo que está escrito, no sea que

por causa de uno, os envanezcáis unos contra otros"

Bernabé y Pablo.

Hechos 14: 14 "Cuando lo oyeron los apóstoles Bernabé y Pablo, rasgaron sus ropas, y se lanzaron entre la multitud, dando voces"

Jacobo el hermano de Jesús.

Gálatas 1: 19 "pero no vi a ningún otro de los apóstoles, sino a Jacobo el hermano del Señor"

Matías.

Hechos 1:26 "Y les echaron suertes, y la suerte cayó sobre Matías; y fue contado con los once apóstoles"

Silvano y Timoteo.

1 Tesalonicenses 1: 1 "Pablo, Silvano y Timoteo, a la iglesia de los tesalonicenses en Dios Padre y en el Señor Jesucristo"

1 Tesalonicenses 2: 6 "ni buscamos gloria de los hombres; ni de vosotros, ni de otros, aunque podíamos seros carga como apóstoles de Cristo"

Tito.

> 2 de Corintios 8: 23 "En cuanto a Tito, es mi compañero y colaborador para con vosotros; y en cuanto a nuestros hermanos, son mensajeros de las iglesias, y gloria de Cristo"

APÓSTOLES DE HOY

Los dones ministeriales de la ascensión, que incluyen apóstoles y profetas, así como evangelistas, pastores y maestros fueron dados por Jesús a su iglesia cuando Él ascendió a lo alto. Debían funcionar dentro de la iglesia para preparar al pueblo de Dios "para la obra del ministerio." De esta manera el cuerpo de Cristo podría ser edificado hasta que todos llegaran a la unidad en la fe y al conocimiento del Hijo de Dios y ser maduros, alcanzando la medida completa de la plenitud de Cristo.

Siendo que estas metas no han sido cumplidas completamente dentro del cuerpo de Cristo todavía, todos los dones del ministerio dados por Jesús deben seguir operando en la iglesia hoy. Esto incluye el ministerio del apóstol y el profeta.

Para hablar de apóstoles y profetas en nuestros días, debemos de ir a la palabra escrita de Dios, porque muchos falsos apóstoles y falsos profetas han salidos por el mundo.

> Mateo 24: 4 "Respondiendo Jesús, les dijo: Mirad que nadie os engañe"

2 Corintios 11: 12-14 "Pero seguiré haciendo lo que hago, a fin de quitar todo pretexto a aquello que, buscando una oportunidad para hacerse iguales a nosotros, se jactan de lo que hacen. Tales individuos son falsos apóstoles de Cristo. Y no es de extrañar, ya que Satanás mismo se disfraza de ángel de luz" (NVI)

Los apóstoles aún están sobre la tierra, hay algunos que son apóstoles de Dios, pero su organización o denominación no reconocen a estos siervos como apóstoles, por el contrario les dicen pastores misioneros, que van y abren brecha con el evangelio en lugares que casi nadie va. Pero también hay otros que ellos mismos se dicen llamar apóstoles y ni siquiera son pastores.

A mi parecer (*opinión muy personal*) una persona que tiene una iglesia grande y que nunca ha abierto una segunda iglesia, y le da "cobertura" a muchas iglesias y ministerios, no es un apóstol.

Un apóstol como lo hemos estado estudiando significa el enviado, pero el enviado de Dios. Es una persona que predica donde otros no lo han hecho, ordenando con la sana doctrina las cosas que aún no están bien fundamentadas en la Palabra y atendiendo asuntos que los nuevos creyentes no saben o creyentes que tienen aún malas costumbres.

Tito 1: 5 "Cuando te dejé en la isla de Creta, lo hice para que arreglaras lo que quedaba por arreglar y para que, en cada pueblo, nombraras ancianos de la iglesia, de acuerdo con lo que yo te encargué" (DHH)

Romanos 15: 20-21 "Y de esta manera me esforcé a predicar el evangelio, no donde Cristo ya hubiese sido nombrado, **para no edificar sobre fundamento ajeno**; sino, como está escrito: Aquellos a quienes nunca les fue anunciado acerca de él, verán; y los que nunca han oído de él, entenderán"

Un verdadero apóstol del Señor se preocupa más por ganar almas para Cristo, que ministerios que estén bajo su "cobertura". El llamado lo hace Dios, no lo hacemos nosotros mismos.

Todo lo que tenemos es para la Gloria de Dios, pero cuando una persona se jacta de que anda de un país a otro, y dice que en tal país se unieron al Ministerio, una cantidad de ministerios que ahora están bajo nuestra "cobertura", hay que tener mucho cuidado con esas personas, porque la misma palabra nos habla de eso.

1 Corintios 4: 6-7 "Hermanos les hablo de estas cosas por su propio bien y poniendo ejemplo a Apolos y a mí mismo. Lo digo para que por nuestro ejemplo aprendan ustedes a no ir más allá de lo que está escrito, y para que nadie se hinche de orgullo, favoreciendo a uno en perjuicio de otro. Pues, ¿Quién te da privilegios sobre los demás? ¿Y qué tienes que Dios no te haya dado?

Y si él te lo ha dado, ¿Por qué presumes, como si lo hubieras conseguido por ti mismo?" (DHH)

Con esto no queremos decir que las coberturas no funcionen. Pero hay que hacerlo en el orden de la palabra.

Creemos en que un ministerio puede ir por el mundo, predicar, evangelizar, abrir iglesias y que estas personas nuevas en el evangelio, se les da una cobertura ministerial. No es que los nuevos creyentes solo envían los diezmos y las ofrendas, sino que el mismo ministerio, les suple todo tipo de ayuda para que inicien y crezcan en el evangelio.

Se les suple herramientas ministeriales, material didáctico, personas que vayan y capaciten a otros, además de estar orando por estos nuevos creyentes, motivarlos a seguir hacia adelante en Cristo Jesús y estableciendo ancianos en esos lugares. Además de ayudarles a llevar a cabo la Gran Comisión, eso para nosotros es una cobertura.

Si alguna persona en cualquier parte del mundo está leyendo este material y están trabajando solos, sin ninguna organización, llámese concilio o asociación y desea trabajar con nosotros (*Ministerio Dios Internacional Proveerá*) puede escribirnos, la información del ministerio está en las últimas hojas de este manual.

Hebreos 1: 16 "No se olviden de hacer el bien y de compartir con otros lo que tienen, porque ésos son los sacrificios que agradan a Dios" (NVI)

> Mateo 10: 8 "Sanad enfermos, limpiad leprosos, resucitad muertos, echad fuera demonios; de gracia recibisteis, dad de gracia"

El deseo de todos los que formamos parte del *Ministerio Dios Internacional Proveerá* es que hayan más personas cada día, dispuestas a trabajar para nuestro Señor Jesucristo, y lo hacemos porque somos agradecidos con Nuestro Salvador, y porque entendemos que es necesario que la humanidad completa conozca al Mesías, el Cristo de la Gloria.

REQUISITOS PARA UN APÓSTOL

Ya que todos los apóstoles eran ancianos en la iglesia, obviamente debían cumplir los requisitos generales de los ancianos. Es interesante ver que los apóstoles de Jesús primero fueron discípulos. Como dicen muchos, todos los discípulos son cristianos, pero no todos los cristianos son discípulos. Ellos se quedaron esperando la indicación de Jesús para que ejercieran el llamado.

> Lucas 24: 49 "Y yo enviaré sobre ustedes lo que mi Padre prometió. Pero ustedes quédense aquí, en la ciudad de Jerusalén, hasta que reciban el poder que viene del cielo" (DHH)

Estos apóstoles primeramente fueron discípulos, y no fueron apóstoles (enviados) hasta que la promesa llegara. La obediencia es un requisito fundamental para ser un siervo de Dios. Es como cuando alguien siembra un árbol de naranjas, aunque el mismo árbol apenas tenga las hojas y no tenga mucha altura, la promesa es que alguien día dará naranjas, y por el hecho de que aún no tenga fruto, no significa que no sea un árbol de naranjas. Igualmente en el Ministerio, Dios que nos escogió desde antes de la fundación del mundo, ya nos escogió con un propósito, pero no debemos de adelantarnos a los tiempos.

Muchos quieren ser apóstoles por el nombre o por estar viajando y ofreciendo "coberturas" aunque ni siquiera prediquen en una campaña evangelística. Hay que esperar y saber cuáles son los requisitos de un apóstol, antes de que ejerza.

> Tito 1: 6-9 "el que fuere irreprensible, marido de una sola mujer, y tenga hijos creyentes que no estén acusados de disolución ni de rebeldía. Porque es necesario que el obispo sea irreprensible, como administrador de Dios; no soberbio, no iracundo, no dado al vino, no pendenciero, no codicioso de ganancias deshonestas, sino hospedador, amante de lo bueno, sobrio, justo, santo, dueño de sí mismo, retenedor de la palabra fiel tal como ha sido enseñada, para que también pueda exhortar con sana enseñanza y convencer a los que contradicen"

> 1 Timoteo 3: 1-7 "Esto es muy cierto. Si alguien aspira al cargo de presidir la comunidad, a un buen trabajo aspira. Por eso, el que tiene este cargo ha de ser irreprensible. Debe de ser esposo de una sola mujer y llevar una vida seria, juiciosa y respetable. Debe estar siempre dispuesto a

hospedar gente en su casa; debe de ser apto para enseñar, no debe de ser borracho ni amigo de peleas, sino bondadoso, pacífico y desinteresado en cuanto al dinero. Debe saber gobernar bien su casa y hacer que sus hijos sean obedientes y de conducta digna, ¿cómo podrá cuidar de la iglesia de Dios? Por lo tanto, el dirigente no debe de ser un recién convertido, no sea que se llene de orgullo y caiga bajo la misma condenación en que cayó el diablo. También debe de ser respetado entre los no creyentes, para que no caiga en deshonra y en alguna trampa del diablo" (DHH)

Debe tener el corazón y amor de un padre.

1 Corintios 4: 15-16 "Porque aunque tengáis diez mil ayos en Cristo, no tendréis muchos padres; pues en Cristo Jesús yo os engendré por medio del evangelio. Por tanto, os ruego que me imitéis"

Debe de haber, señales, milagros y prodigios.

2 Corintios 12: 12 "Con todo, las señales de apóstol han sido hechas entre vosotros en toda paciencia, por señales, prodigios y milagros"

Hechos 2: 43 "Y sobrevino temor a toda persona; y muchas maravillas y señales eran hechas por los apóstoles"

Hechos 19: 11 "Y hacía Dios milagros extraordinarios por mano de Pablo, de tal manera que aún se llevaban a los enfermos los paños o delantales de su cuerpo, y las enfermedades se iban de ellos, y los espíritus malos salían"

La humildad es parte de su personalidad.

Un apóstol debe de caminar con humildad, como lo hizo nuestro señor Jesucristo.

> 1 Corintios 4: 9-13 "Pues me parece que a nosotros, los apóstoles, Dios nos ha puesto en el último lugar, como si fuéramos condenados a muerte. Hemos llegado a ser un espectáculo para el mundo, para los ángeles y para los hombres. Nosotros, por causa de Cristo, pasamos por tontos; mientras que ustedes, gracias a Cristo, pasan por inteligentes. Nosotros somos débiles, mientras que ustedes son fuertes. A nosotros se nos desprecia, y a ustedes se les respeta. Hasta hoy mismo no hemos dejado de sufrir hambre, sed y falta de ropa; la gente nos maltrata, no tenemos hogar propio y nos cansamos trabajando con nuestras propias manos. A las maldiciones respondemos con bendiciones; somos perseguidos, y lo soportamos. Nos injurian, y contestamos con bondad. Nos tratan como a basura del mundo, como a desperdicio de la humanidad. Y así hasta el día de hoy" (DHH)

La humildad de Pablo no es fingida. Él es ejemplo, al igual que los primeros predicadores del evangelio que sufrieron, no solo con cosas materiales, sino que inclusive con su propia vida. Un apóstol debe de ser humilde, si tiene que comer,

Gloria a Dios, y si no tiene que comer también Gloria a Dios. Yo he conocido (*no me han contado, los conozco en persona*) apóstoles, que cuando viajan a otro país son como artistas, piden ciertas exigencias en la habitación del hotel, desde la comida, hasta las sabanas, y si es un viaje largo, tienen que viajar en primera clase, sino no viajan. Creo que a estos se le perdieron de su Biblia lo que dice en 1 Corintios 4. Con esto no quiero decir que si Dios bendice en abundancia no la recibamos, pero es injusto que mientras muchos gastan mucho dinero en sus placeres, no piensen en los que no tienen. Si Dios nos da compartamos con los necesitados, y si no tenemos, no nos quejemos.

Jesús el mismo Hijo de Dios, también nos enseña que no son las cosas materiales las importantes, no es donde vivamos, sino lo que hagamos eso es lo importante.

> Lucas 9: 58 "Y le dijo Jesús: Las zorras tienen guaridas, y las aves de los cielos nidos; más el Hijo del Hombre no tiene donde recostar la cabeza"

Este mismo ejemplo lo siguió Pablo de Jesús.

> Filipenses 4: 12-13 "Sé vivir humildemente, y sé tener abundancia; en todo y por todo estoy enseñado, así para estar saciado, como para tener hambre, así para tener abundancia como para padecer necesidad. Todo lo puedo en Cristo que me fortalece"

Un apóstol debe de tener autoridad.

Un apóstol debe estar dispuesto a hablar y escribir con autoridad cuando sea necesario corregir y traer disciplina en la iglesia.

> 2 Corintios 10: 8-11 "Porque aunque me gloríe algo más todavía de nuestra autoridad, la cual el Señor nos dio para edificación y no para vuestra destrucción, no me avergonzaré; para que no parezca como que os quiero amedrentar por cartas. Porque a la verdad, dicen, las cartas son duras y fuertes; más la presencia corporal débil, y la palabra menospreciable. Esto tenga en cuenta tal persona, que así como somos en la palabra por cartas, estando ausentes, lo seremos también en hechos, estando presentes"

La autoridad no es dictadura. No es que todo lo que se le ocurre al apóstol, se debe de hacer. Se supone que un apóstol esté en constante comunicación con Dios. Pero hay que tener mucho cuidado con la autoridad, que no sea para oprimir ni para esclavizar. Pero cuando es de Dios, esa autoridad se verá respaldada por el mismo Jesús, y por medio del Espíritu Santo los creyentes van a sentir confirmación en su espíritu.

Un apóstol tiene corazón de siervo.

Un apóstol debe tener un corazón de siervo, y si quiere ser el reflejo de Jesús aquí en la tierra, debe de estar dispuesto a padecer por causa del evangelio. Cuando decimos dispuesto a padecer, no es que ahora se volverá una víctima para sentirse mártir, no, no es eso.

Mateo 20: 28 "como el Hijo del Hombre no vino para ser servido, sino para servir, y para dar su vida en rescate por muchos"

Romanos 1:1 "Pablo, siervo de Jesucristo, llamado a ser apóstol, apartado para el evangelio de Dios"

2 Corintios 11: 23-28 "¿Son siervos de Cristo? Yo lo soy más que ellos, aunque al decir esto hablo como un loco. Yo he trabajado más que ellos, y muchas veces he estado en peligro de muerte. En cinco ocasiones los judíos me castigaron con los treinta y nueve azotes. Tres veces me apalearon, y una me apedrearon. En tres ocasiones se hundió el barco en que yo viajaba, y, a punto de ahogarme, pase una noche y un día en alta mar. He viajado mucho, y me he visto en peligro de ríos, en peligros de ladrones, y en peligros entre mis paisanos y entre los extranjeros. También me he visto en peligros en la ciudad, en el campo y en el mar, y en peligros entre falsos hermanos. He pasado trabajos y dificultades; muchas veces me he quedado sin dormir; he sufrido hambre y sed; muchas veces no he comido; he sufrido por el frio y por la falta de ropa. Además de estas y otras cosas, cada día pesa sobre mí la preocupación por todas las iglesias" (DHH)

El verdadero apóstol, siervo de Jesucristo, no se queja por las circunstancias adversas, más bien le da toda la Gloria a Cristo, porque Él tiene cuidado de nosotros.

> 2 Corintios 12: 9-10 "Y me ha dicho: Bástate de
> mí gracia; porque mi poder se perfecciona en la
> debilidad. Por tanto, de buena me gloriaré más
> bien en mis debilidades, para que repose sobre mí
> el poder de Cristo. Por lo cual, por amor a Cristo
> me gozo en las debilidades, en afrentas, en
> necesidades, en persecuciones, en angustias;
> **porque cuando soy débil, entonces soy
> fuerte**"

MINISTERIO DE UN APÓSTOL.

Un apóstol es enviado por una iglesia local en obediencia al
Espíritu Santo como un misionero para predicar el evangelio
y para establecer iglesias y ministerios nuevos.

No va a un lugar a decirle a las iglesias que ya no estén con
sus fundadores, porque ahora "el cómo apóstol tiene una
nueva revelación y es de Dios que estén bajo su cobertura",
eso según la Biblia no es un apóstol. Pero si un apóstol puede
compartir con otros apóstoles experiencias y cosas que sean
de bendición a los demás. Ayudarles con sus propias
experiencias y vivencias para que los demás aprendan.

> Hechos 13: 2-3 "Ministrando éstos al Señor, y
> ayunando, dijo el Espíritu Santo: Apartadme a
> Bernabé y a Saulo para la obra a que los he
> llamado. Entonces, habiendo ayunado y orado,
> les impusieron las manos y los despidieron"

El Espíritu Santo es el que siempre nos tiene que dar la
dirección. También creemos que un apóstol puede ser

enviado a otros lugares con el propósito de llevar ayuda a otros ministerios, y que esto no sea un compromiso, que lo que dan, esté ligado a que los que reciban tengan que *"estar bajo su cobertura"*

> Hechos 16: 9 "Y se le mostró a Pablo una visión de noche: un varón macedonio estaba en pie, rogándole y diciendo: Pasa a Macedonia y ayúdanos"

> Romanos 16: 2 "Recíbanla bien en el nombre del Señor, como se debe de hacer entre los hermanos en la fe, y ayúdenla en todo lo que necesite, porque ha ayudado a muchos, y también a mí mismo" (DHH)

UN APÓSTOL PONE FUNDAMENTOS BÍBLICOS.

El apóstol ministrando juntamente con el profeta, como "perito arquitecto" pondrá un fundamento sólido sobre la revelación de Jesucristo y Su Palabra encima de la cual será edificada una iglesia local.

El ministerio del apóstol es principalmente poner fundamentos sobre doctrina sana y designar y establecer un liderazgo sólido en las iglesias.

> 1 Corintios 3: 9-15 "Porque nosotros somos colaboradores de Dios, y vosotros sois labranza de Dios, edificio de Dios. Conforme a la gracia de Dios que me ha sido dada, yo como perito arquitecto puse el fundamento, y otro edifica encima; pero cada uno mire cómo sobre edifica.

Porque nadie puede poner otro fundamento que el que está puesto, el cual es Jesucristo. Y si sobre este fundamento alguno edificare oro, plata, piedras preciosas, madera, heno, hojarasca, la obra de cada uno se hará manifiesta; porque el día la declarará, pues por el fuego será revelada; y la obra de cada uno cuál sea, el fuego la probará. Si permaneciere la obra de alguno que sobreedificó, recibirá recompensa. Si la obra de alguno se quemare, él sufrirá pérdida, si bien él mismo será salvo, aunque así como por fuego"

Romanos 15: 20 "Y de esta manera me esforcé a predicar el evangelio, no donde Cristo ya hubiese sido nombrado, para no edificar sobre fundamento ajeno"

1 Corintios 9: 1-2 "¿No soy apóstol? ¿No soy libre? ¿No he visto a Jesús el Señor nuestro? ¿No sois vosotros mi obra en el Señor? Si para otros no soy apóstol, para vosotros ciertamente lo soy; porque el sello de mi apostolado sois vosotros en el Señor"

Efesios 2: 20 "edificados sobre el fundamento de los apóstoles y profetas, siendo la principal piedra del ángulo Jesucristo mismo"

Los fundamentos ya están escritos, el canon bíblico ya está cerrado. Lo que pueden cambiar son las estrategias de cómo cada iglesia trabaja, pero no con fundamentos nuevos, sino solo los que están escritos. En esto hay que tener mucho cuidado, porque han existido hombres de Dios, que Dios los ha respaldado, pero conforme van creciendo y el pueblo va idolatrando a este líder al final se tuerce de la verdad de Dios, y comienzan a impartir falsas doctrinas.

UN APÓSTOL ESTABLE ESCUELAS BÍBLICAS

Un apóstol establecerá escuelas bíblicas para entrenar creyentes para el evangelismo de milagros y la vida cristiana victoriosa. Reconocerá el llamado sobre ciertos creyentes para los cinco ministerios y entrenará a estos creyentes para el ministerio a que Dios los ha llamado.

> Hechos 19: 9-10 "Pero endureciéndose algunos y no creyendo, maldiciendo el Camino delante de la multitud, se apartó Pablo de ellos y separó a los discípulos, discutiendo cada día en la escuela de uno llamado Tiranno. Así continuó por espacio de dos años, de manera que todos los que habitaban en Asia, judíos y griegos, oyeron la palabra del Señor Jesús"

El resultado del hecho que Pablo enseñara "diariamente en la escuela de Tirano" fue que todos los que vivían en la provincia de Asia oyeron la Palabra del Señor. Obviamente, Pablo se estaba multiplicando a sí mismo en las vidas de otros, quienes en medio del evangelismo de milagros estaban predicando el evangelio a todos los que vivían en esa parte del mundo.

Un apóstol no solo se va a preocupar por la evangelización, sino que de la mano de Dios va a enseñar como Jesús lo hacía.

Mateo 7: 28-29 "Y cuando terminó Jesús estas palabras, la gente se admiraba de su doctrina; porque les enseñaba con quien tiene autoridad, y no como los escribas"

Mateo 11: 1 "Cuando Jesús terminó de dar instrucciones a sus doce discípulos, se fue de allí **a enseñar y a predicar en las ciudades de ellos**"

Ya que sin conocimiento el pueblo se pierde, los creyentes no crecen y fracasan en sus vidas.

Oseas 4: 6 "Mi pueblo fue destruido, porque le faltó conocimiento"

Isaías 2: 3 "Y vendrán muchos pueblos, y dirán: Venid, y subamos al monte de Jehová, a la casa de Dios del Jacob; y nos enseñará sus caminos, y caminaremos por sus sendas. Porque de Sion saldrá la ley, y de Jerusalén la palabra de Jehová"

Al estudiar el Nuevo Testamento, vemos que mientras todos los apóstoles estaban estableciendo iglesias nuevas, todos estaban ayudando a establecerlas en la fe que para siempre fue entregada a los santos.

Los apóstoles nombrarán y ordenarán ancianos en cada iglesia que hayan establecido.

Hechos 14: 23 "Y constituyeron ancianos en cada iglesia, y habiendo orado con ayunos, los encomendaron al Señor en quien habían creído"

Funcionarán junto con una asamblea de ancianos para impartir y liberar a los creyentes en la operación de los dones del Espíritu Santo por el ministerio de la imposición de manos.

> 2 Timoteo 1: 6 "Por lo cual te aconsejo que avives el fuego del don de Dios que está en ti por la imposición de mis manos"

> Romanos 1: 11 "Porque deseo veros, para comunicaros algún don espiritual, a fin de que seáis confirmados"

Un apóstol es nombrado por Jesús – no por un hombre, o grupo de hombres- su don ministerial será reconocido y recibido por aquellos a quienes ministra. No será un reconocimiento o una aceptación por causa de un título, o una posición que ha recibido de una organización, asociación, o denominación. No debe ser una relación de coerción o estructura política.

Su aceptación estará basada sobre una relación personal profunda en el Espíritu con aquellos que son los líderes espirituales de ciertas iglesias locales. Esta relación existirá con aquellas iglesias que el apóstol mismo ha establecido. El fruto del ministerio del apóstol revelará y confirmará su don ministerial.

La relación tal vez estará también presente con iglesias existentes que no empezaron con un ministerio apostólico o que han perdido su relación con un apóstol debido a muerte, incapacidad u otras razones, a medida que son guiadas por el Espíritu.

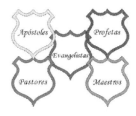

4

EL MINISTERIO DEL PROFETA

Por muchos años, el ministerio del profeta ha sido ignorado o mal entendido. Muchos han pensado que el ministerio del profeta estaba limitado al período del Antiguo Testamento. En Efesios cuatro, Pablo declara que el segundo de los dones del ministerio es necesario para preparar al pueblo de Dios para la obra del ministerio y para llevarnos a la madurez.

> Efesios 4: 11 "Y él mismo constituyó a unos apóstoles, a otros profetas, a otros evangelistas, y a otros pastores y maestros"

La Biblia se menciona mucho al profeta, en el antiguo testamento conocido con diferentes nombres.

> 1 Samuel 9: 9 "(Antiguamente en Israel cualquiera que iba a consultar a Dios, decía así: Venid y

vamos al **vidente**; porque al que hoy se llama profeta, entonces se le llamaba **vidente**)"

Pero también en el Antiguo Testamento se menciona de falsos profetas.

> Jeremías 5: 30-31 "Cosa fea y espantosa es hecha en la tierra; los profetas profetizaron mentira, y los sacerdotes dirigían por manos de ellos; y mi pueblo así lo quiso. ¿Qué, pues, haréis cuando llegue el fin?"

> Jeremías 6: 13 "Porque desde el más chico de ellos hasta el más grande, cada uno sigue la avaricia; y desde el profeta hasta el sacerdote, todos son engañadores"

Los profetas Dios los sigue usando hasta el día de hoy, una cosa es la palabra escrita de los profetas bíblicos, y otra los profetas que Dios sigue levantando en estos tiempos. Pero también se han levantado falsos profetas, que no solo ellos están mal, sino que por medio de la avaricia, llevan a la perdición a todo un pueblo, como leímos en el versículo anterior.

Jesús (siendo un profeta también) habló de los profetas verdaderos y advirtió de los falsos. Y nos enseña a través de su palabra.

> Mateo 10: 41 "El que recibe a un profeta por cuanto es profeta, recompensa de profeta recibirá; y el que recibe a un justo por cuanto es justo, recompensa de justo recibirá"

Un profeta es alguien que habla por Dios. Al profeta se le ha dado el singular ministerio de representar a Dios delante de los hombres.

Cuando un profeta hable de parte de Dios, su palabra debe de ir paralelamente con la palabra escrita de Dios. Nunca va a contradecir la palabra. Esta revelación de Dios, por medio del profeta va a dar a la iglesia.

- ✓ Dirección
- ✓ Confirmará guía y visión
- ✓ Dará comprensión de la Palabra de Dios
- ✓ Dirá hechos de las vidas de las personas
- ✓ Reprenderá
- ✓ Juzgará
- ✓ Corregirá
- ✓ Advertirá
- ✓ Revelará acontecimientos futuros

Un profeta ministrará bajo un nivel mayor de unción profética y con mayor detalle y precisión que alguien que está operando sólo en el don espiritual de profecía. La palabra profética de alguien que es profeta a menudo contendrá revelación que va más allá de la edificación, exhortación y consuelo que puede venir cuando cualquier creyente profetiza. Siempre hay que tener el cuidado con las profecías, por eso el apóstol Pablo escribe acerca de esto.

> 1 Tesalonicenses 5: 20-21 "no menospreciéis las profecías. Antes bien, examinadlo todo cuidadosamente, reten lo bueno" (BLA)

No podemos menospreciarlas, pero tampoco le podemos decir SI y AMEN a todo, lo que alguien en una oración diga. Pablo recomienda examinadlo todo cuidadosamente, eso sí, teniendo el cuidado de no "matar la fe". Porque hay personas que al examinar, analizan tanto, que se vuelven racionales, y no viven por fe, sino por razonamiento humano o sea por vista.

El profeta es un vocero de Dios tal como Aarón fue un vocero de Moisés.

> Éxodo 4: 15-16 "Tú hablarás a él, y pondrás en su boca las palabras, y yo estaré con tu boca y con la suya, y os enseñaré lo que hayáis de hacer. Y él hablará por ti al pueblo; él te será a ti en lugar de boca, y tú serás para él en lugar de Dios"

Un verdadero profeta va a confirmar los ministerios y los dones, traen juicio y bendición (el juicio *es juicio basado en la Palabra escrita, NO es condenación*). Hablan a las naciones, los que están en eminencia, a gobernantes, reyes y otros. Señalan el pecado, enderezan los caminos torcidos de los ministerios, ungen ministros, les son revelados el pasado, presente y futuro. Rompen maldiciones, descubren al enemigo.

Un profeta nunca traerá condenación, el único que condena es el enemigo, o sea el diablo. (Véase Romanos 8: 1)

ORIGEN DE LA PALABRA PROFÉTICA

Un profeta nunca debe hablar sus propios pensamientos o a partir de su propia sabiduría. Debe sólo debe hablar profeta cuando Dios habla directamente a través de él.

2 de Pedro 1: 20-21 "entendiendo primero esto, que ninguna profecía de la Escritura es de interpretación privada, porque nunca la profecía fue traída por voluntad humana, sino que los santos hombres de Dios hablaron siendo inspirados por el Espíritu Santo"

Palabras raíces

Hay varias palabras en hebreo asociadas con la profecía. Dos de estas palabras nos dan una comprensión del ministerio profético y del don espiritual de profecía.

"Raba" ocurre más de cuatrocientas veces y significa brotar, rebosar o derramar. Esta palabra revela la manera extática o espontánea en que a veces viene la profecía.

"Nataf" significa dejar caer, caer como gotas de lluvia. Esta palabra revela el origen divino de la profecía.

En el Antiguo Testamento, existen tres términos para profeta:

Ro eh
Nabí
Hozeh

Las palabras **Ro eh** y **Hozeh** tienen matices que tienen que ver con el carácter habitual o temporal de las revelaciones mientras que nabí(es aquel que testifica). Uno a quien le es comunicado el mensaje de Dios para su proclamación.

En el nuevo testamento se menciona otra palabra:

Propheteuo

La palabra griega, "Propheteuo" usada en el Nuevo Testamento, significa decir o hablar.

La palabra profética tiene dos aspectos principales para la iglesia. Una es declarar y la otra predecir.

Declarar es un dar un mensaje de Dios.

> Hebreos 1: 1 "En tiempos antiguos Dios habló a nuestros antepasados muchas veces y de muchas maneras por medio de los profetas" (DHH)

Predecir es algo que ocurrirá en el futuro.

> Jeremías 28: 9 "El profeta que profetiza de paz, cuando se cumpla la palabra del profeta, será conocido como el profeta que Jehová en verdad envió"

> Ezequiel 33: 33 "Pero cuando ello viniere (y viene ya) sabrán que hubo profeta entre ellos"

TIPOS DE PROFECÍA

DON DE PROFECÍA.

> 1 Corintios 12: 10 "A otro, el hacer milagros; **a otro profecía**; a otro, discernimiento de espíritus;

a otro, diversos géneros de lenguas; y a otro, interpretación de lenguas"

El don de profecía puede funcionar en la vida de cualquier creyente. Sin embargo, cuando el don de profecía está operando a través de un creyente que no es profeta, o que no es uno de los dones ministeriales, normalmente no contendrá revelación más allá del propósito por cual el don de profecía es dado específicamente. Es para dar fortaleza, aliento y consuelo.

> 1 Corintios 14: 3 "Pero el que profetiza habla a los hombres para edificación, exhortación y consolación"

ESPÍRITU DE LA PROFECÍA.

> Apocalipsis 19: 10 "Yo me postré a sus pies para adorarle. Y él me dijo: Mira, no lo hagas; yo soy consiervo tuyo, y de tus hermanos que retienen el testimonio de Jesús. Adora a Dios; porque el testimonio de Jesús es el espíritu de la profecía"

El espíritu de profecía es un manto de unción profética, dado como el Espíritu Santo desea, que capacita al creyente para profetizar las palabras del Señor. Cuando este espíritu de profecía viene, los creyentes pueden empezar a profetizar incluso si no lo hacen normalmente. Profetizarán con más detalle y precisión que en su experiencia normal. El espíritu de profecía puede venir sobre otros creyentes cuando están ministrando en una reunión con un profeta que está ministrando bajo una fuerte unción profética

DON MINISTERIAL (PROFETA DE OFICIO)

Cuando Jesús ascendió a Su Padre, Él dio ciertos dones ministeriales a su iglesia para preparar a su pueblo para las obras de servicio y llevarlo a la madurez. Uno de los dones ministeriales es el del profeta.

> Efesios 4: 8 y 11 "Por lo cual dice: Subiendo alto, llevó cautiva la cautividad, y dio dones a los hombres" "Y él mismo constituyó a unos apóstoles, **a otros profetas**, a otros evangelistas, y a otros pastores y maestros"

INSPIRACIÓN PARA LAS ESCRITURAS

Este tipo de profecía ya no se da porque ya tenemos toda la Escritura que Dios escogió dar por sus profetas. Nada más debe ser añadido y ninguna profecía debe recibir la misma autoridad que las Escrituras.

> Apocalipsis 22: 18-19 "Yo testifico a todo aquel que oye las palabras de la profecía de este libro: Si alguno añadiere a estas cosas, Dios traerá sobre él las plagas que están escritas en este libro. Y si alguno quitare de las palabras del libro de esta profecía, Dios quitará su parte del libro de la vida, y de la santa ciudad y de las cosas que están escritas en este libro"

Ya que la Biblia está completa, toda profecía ahora debe ser juzgada sobre la base de su acuerdo con la Palabra infalible de Dios.

Esta figura representa que la base de toda profecía es la profecía inscrita en la Biblia, y nuestro principal profeta es Jesucristo. Nunca otra profecía tendrá más autoridad que la profecía escrita que encontramos en la Biblia.

Historia bíblica de los profetas

Una razón que explica la grandeza de los profetas del Antiguo Testamento, es que eran personas con un llamamiento especial. No entraron por herencia en este ministerio, no habían nacido dentro de una tribu o de una familia marcadas por el profetismo. El hecho de ser un hijo de un profeta no garantizaba automáticamente a una persona con el don de profecía. Cada profeta era escogido personalmente por Dios y llamado por Dios a una obra que Dios mismo le iba a encomendar.

En este aspecto los profetas de Israel se diferenciaban notoria y radicalmente de los sacerdotes. El sacerdote recibía su oficio por herencia. Si una persona era descendiente de Leví el hijo de Jacob, era constituido automáticamente levita; y si; además de eso, era descendiente de Aarón, estaba destinado al sacerdocio.

Por el contrario, los profetas eran escogidos, seleccionados entre los demás. Esto le otorgaba al profeta un honor distintivo. Pero los falsos profetas eran falsos por el simple hecho de no haber sido llamados por Dios. Respecto a estos falsos profetas, Dios le habló a Jeremías:

> Jeremías 14: 14 "Me dijo entonces Jehová: Falsamente profetizan los profetas en mi nombre; no los envié, ni los mandé, ni les hablé; visión mentirosa, adivinación y engaño de su corazón os profetizan"

También Jeremías como profeta de Dios declaró falso profeta a Hananías y decretó juicio de Jehová.

> Jeremías 28: 15-17 "Entonces dijo el profeta Jeremías al profeta Hananías: Ahora oye, Hananías: Jehová no te envió, y tú has hecho confiar en mentira a este pueblo. Por tanto, así ha dicho Jehová: He aquí que yo te quito de sobre la faz de la tierra; morirás en este año, porque hablaste rebelión contra Jehová. Y en el mismo año murió Hananías, en el mes séptimo"

Generalmente los profetas llamados por Dios, tuvieron una experiencia extraordinaria que ayudó al profeta a percatarse de la autenticidad de dicho llamamiento. Moisés fue llamado mientras contemplaba una zarza que ardía milagrosamente sin consumirse, esa fue una escena que no iba a olvidar nunca.

> Éxodo 3: 2 "Y se le apareció el Ángel de Jehová en una llama de fuego en medio de una zarza; y el miró, y vio que la zarza ardía en fuego, y la zarza no se consumía"

En el caso de Ezequiel fue llamado al oficio de profeta, recibió la orden de comerse un rollo.

> Ezequiel 3: 1-3 "Me dijo: Hijo de hombre, como lo que hallas; come este rollo, y ve y habla a la casa de Israel. Y abrí mi boca, y me hizo comer aquel rollo. Y me dijo: Hijo de hombre, alimenta tu vientre, y llena tus entrañas de este rollo que te doy. Y lo comí, y fue en mi boca dulce como la miel"

Al profeta Isaías le fueron tocados sus labios con carbones encendidos.

> Isaías 6: 6-7 "Y voló hacia mi uno de los serafines, teniendo en su mano un carbón encendido, tomado del altar con unas tenazas; y tocando con él sobre mi boca, dijo: He aquí que esto que tocó tus labios, y es quitada tu culpa, y limpio tu pecado"

Los profetas deben de estar limpios, purificados por la sangre de Cristo, si realmente quieren ser usados por Dios.

La mayor parte del Antiguo Testamento está escrito por los profetas. Según el tamaño del libro que escribieron, a veces nos referimos a ellos como profetas mayores o menores. Hay muchos otros profetas nombrados en el Antiguo Testamento. Abel, Enoc, Noé, Abraham, Isaac, Jacob, José y Aarón se reconocen directamente como profetas. También había profetizas.

Estos profetas Dios les habla de muchas maneras, además de voz audible les habla por medio de sueños y revelaciones.

> Números 12: 6 "Y él les dijo: Oíd ahora mis palabras. Cuando haya entre vosotros profeta de Jehová, le apareceré en visión, en sueños hablaré con él"

En Deuteronomio Dios da la instrucción a Moisés sobre como el pueblo debe de guardarse de las cosas de los otros pueblos (impíos) y también les habla de los profetas nuevos, y como el pueblo debe de escucharlos.

> Deuteronomio 18: 15-22 "Profeta de en medio de ti, de tus hermanos, como yo, te levantará Jehová tu Dios; a él oiréis; conforme a todo lo que pediste a Jehová tu Dios en Horeb el día de la asamblea, diciendo: No vuelva yo a oír la voz de Jehová mi Dios, ni vea yo más este gran fuego, para que no muera. Y Jehová me dijo: Han hablado bien en lo que han dicho. Profeta les levantaré de en medio de sus hermanos, como tú; y pondré mis palabras en su boca, y él les hablará todo lo que yo le mandare. Más a cualquiera que

no oyere mis palabras que él hablare en mi nombre, yo le pediré cuenta. El profeta que tuviere la presunción de hablar palabra en mi nombre, a quien yo no le haya mandado hablar, o que hablare en nombre de dioses ajenos, él tal profeta morirá. Y si dijeres en tu corazón: ¿Cómo conoceremos la palabra que Jehová no ha hablado?; si el profeta hablare en nombre de Jehová, y no se cumpliere lo que dijo, ni aconteciere, es palabra que Jehová no ha hablado; con presunción la habló el tal profeta; no tengas temor de él"

TRES COSAS PODEMOS RESCATAR DE ESTOS PASAJES:

La palabra de Dios debe de estar en la boca del profeta.
Se debe de escuchar al profeta.
Y la profecía se debe de probar.

SAMUEL ESTABLECIÓ ESCUELA DE PROFETAS

Samuel estableció las escuelas de profetas y al hacerlo estableció un orden profético nuevo de hombres que eran educados en la Palabra, sensibles a la voz de Dios y que tenían una relación espiritual profunda con Dios.

1 de Samuel 19: 18-21 "Huyó, pues, David, y escapó, y vino a Samuel en Ramá, y le dijo todo lo que Saúl había hecho con él. Y él y Samuel se fueron y moraron en Naiot. Y fue dado aviso a Saúl, diciendo: He aquí que David está en Naiot en Ramá. Entonces Saúl envió mensajeros para

que trajeran a David, los cuales vieron una compañía de profetas que profetizaban, y a Samuel que estaba allí y los presidía. Y vino el Espíritu de Dios sobre los mensajeros de Saúl, y ellos también profetizaron. Cuando lo supo Saúl, envió otros mensajeros, los cuales también profetizaron. Y Saúl volvió a enviar mensajeros por tercera vez, y ellos también profetizaron"

Respecto a la escuela de profeta de hoy, no significa que toda persona que entre a una escuela de estas a estudiar, cuando termine e curso sea un profeta. En las escuelas de profetas hoy, se estudia todo respecto a la profecía, del Antiguo Testamento y del Nuevo Testamento. Además de otras cosas, muy importantes, como saber a través del Espíritu Santo, cuando una palabra es de Dios y cuando es del corazón del hombre por decir algún ejemplo. Estas escuelas también son muy criticadas, porque no todos los creyentes creen en la profecía, y por lo tanto atacan y critican estas escuelas, que están funcionando en muchas partes del planeta al día de hoy.

1 Tesalonicenses 5: 19-20 "No apaguéis al Espíritu, no menospreciéis las profecías"

JESÚS EN SU MINISTERIO SE DESARROLLÓ COMO PROFETA.

Jesús fue revelado como un profeta en el Nuevo Testamento. Su ministerio como un profeta provee un patrón para el ministerio de los profetas hoy.

MOISÉS LO LLAMÓ PROFETA.

Hechos 3: 22 "Porque Moisés dijo a los padres: El Señor vuestro Dios os levantará profeta de entre vuestros hermanos, como a mí; a él oiréis en todas las cosas que os hable"

JESÚS SE LLAMÓ ASÍ MISMO PROFETA.

Lucas 4: 24 "Y añadió: De cierto os digo, que ningún profeta es acepto en su propia tierra"

Marcos 6: 4 "Mas Jesús les decía: No hay profeta sin honra sino en su propia tierra, y entre sus parientes, y en su casa"

RECONOCIDO COMO PROFETA.

Juan 6: 14 "Aquellos hombres entonces, viendo la señal que Jesús había hecho, dijeron: Este verdaderamente es el profeta que había de venir al mundo"

Juan 9: 17 "Entonces volvieron a decirle al ciego: ¿Qué dices tú del que te abrió los ojos? Y él dijo: Que es profeta"

Juan 4: 19 "Le dijo la mujer: Señor, me parece que tú eres profeta"

HABLÓ COMO PROFETA.

Hebreos 1: 1-2 "Dios, habiendo hablado muchas veces y de muchas maneras en otro tiempo a los padres por los profetas, en estos postreros días nos ha hablado por el Hijo"

Juan 12: 49 "Porque yo no he hablado por mi propia cuenta; el Padre que me envió, él me dio mandamiento de lo que he de decir, y de lo que he de hablar"

Juan 17: 8 "porque las palabras que me diste, les he dado; y ellos las recibieron, y han conocido verdaderamente que salí de ti, y han creído que tú me enviaste"

PREDIJO COSAS DEL FUTURO.

Mateo 24: 4-8 "Jesús les contestó: Tengan cuidado de que nadie los engañe. Porque vendrán muchos haciéndose pasar por mí. Dirán: "Yo soy el Mesías", y engañarán a mucha gente. Ustedes tendrán noticias de que hay guerras aquí y allá; pero no se asusten, pues así tiene que ocurrir; sin embargo, aún no será el fin. Porque una nación peleará contra otra y un país hará guerra con otro; y habrá hambres y terremotos en muchos lugares. Pero todo apenas será el comienzo de los dolores"

PROFETAS EN EL NUEVO TESTAMENTO

En el Nuevo Testamento, se nos habla de varios profetas, estos son algunos de ellos.

JUAN EL BAUTISTA.

> Mateo 3: 3 "Pues éste es aquel de quien habló el profeta Isaías, cuando dijo: Voz del que clama en el desierto: Preparad el camino del Señor, Enderezad sus sendas"

Juan fue el último profeta del Antiguo Pacto. Su ministerio fue preparar al pueblo para recibir al Mesías.

AGABO

Los creyentes en Judea fueron librados de la devastación de la hambruna por el ministerio del profeta Agabo que ministraba en Antioquía.

> Hechos 11: 27-30 "En aquellos días unos profetas descendieron de Jerusalén a Antioquía. Y levantándose uno de ellos, llamado Agabo, daba a entender por el Espíritu, que vendría una gran hambre en toda la tierra habitada; la cual sucedió en tiempo de Claudio. Entonces los discípulos, cada uno conforme a lo que tenía, determinaron enviar socorro a los hermanos que habitaban en Judea; lo cual en efecto hicieron, enviándolo a los ancianos por mano de Bernabé y de Saulo"

Este profeta Agabo ministró personalmente a Pablo.

> Hechos 21: 10-11 "Y permaneciendo nosotros allí algunos días, descendió de Judea un profeta llamado Agabo, quien viniendo a vernos, tomó el cinto de Pablo, y atándose los pies y las manos, dijo: Esto dice el Espíritu Santo: Así atarán los judíos en Jerusalén al varón de quien es este cinto, y le entregarán en manos de los gentiles"

Otros profetas fueron enviados de Jerusalén a Antioquía con Agabo. No se nos dicen sus nombres.

> Hechos 11: 27 "En aquellos días unos profetas descendieron de Jerusalén a Antioquía"

Saulo y Bernabé estaban ministrando fielmente como profetas y maestros antes que fuesen enviados como apóstoles a los gentiles.

> Hechos 13: 1 "Había entonces en la iglesia que estaba en Antioquía, profetas y maestros: Bernabé, Simón el que se llamaba Níger, Lucio de Cirene, Manaén el que se había criado junto con Herodes el tetrarca, y Saulo"

JUDAS Y SILAS ERAN PROFETAS

> Hechos 15: 32-33 "Y como Judas y Silas también eran profetas, consolaron y animaron mucho con sus palabras a los hermanos. Al cabo de algún tiempo, los hermanos los despidieron con saludos

de paz, para que regresaran a quienes los habían enviado"

Aquí vemos el ejemplo de que Dios siempre ha tenido a sus profetas, y al día de hoy los sigue teniendo. En el caso de Judas y Silas dice la Escritura, que ellos *"consolaron y animaron mucho con sus palabras a los hermanos"*. Y después regresaron a quienes los habían enviado, o sea a la iglesia local donde había apóstoles y ancianos. Este es un ejemplo, de cómo la iglesia debe de trabajar al día de hoy.

También se nos habla en la Palabra que habían mujeres que profetizaron o reconocidas por Dios como profetizas. En el Antiguo Testamento se puede estudiar a María (Miriam), Débora, Hulda o la esposa de Isaías.

> 2 Reyes 22: 14-15 "Entonces el sacerdote Hilquías, Ajicam, Acbor, Safán y Asaíasfueron a la profetisa Hulda, esposa de Salum hijo de Ticva, hijo de Jarjas, guarda de las vestiduras, la cual vivía en el Segundo Barrio de Jerusalén; y hablaron con ella. Y ella les dijo: — Así ha dicho Jehovah Dios de Israel: "Decid al hombre que os ha enviado a mí" (RV Actualizada)

LAS HIJAS DE FELIPE

> Hechos 21: 8-9 "Al otro día, saliendo Pablo y los que con él estábamos, fuimos a Cesarea; y entrando en casa de Felipe el evangelista, que era uno de los siete, posamos con él. Este tenía cuatro hijas doncellas que profetizaban"

Mientras las referencias en el Nuevo Testamento no declaran definitivamente que las mujeres habían recibido el don ministerial de profeta, es claro que operaban en el don espiritual de profecía y eran reconocidas.

A menudo un equipo de esposo y esposa operarán en el mismo don ministerial como lo hicieron Isaías y su esposa, que fue llamada profetisa (Isaías 8; 3). Otros equipos de esposo – esposa operan en diferentes dones ministeriales como pastor y maestra, o apóstol y profeta. Cuando esto ocurre hay una gran fortaleza en el ministerio. Como esposo y esposa que constituyen una sola carne, también son uno en el Espíritu y a menudo fluirán y ministrarán juntos con gran fuerza en un don ministerial.

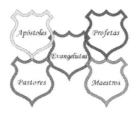

5

EL MINISTERIO DEL EVANGELISTA

El evangelista está en las primeras líneas del ejército de Dios hoy. Tiene un deseo ardiente por hablar de Jesús a todas las personas que ve. Tiene un corazón que continuamente se extiende hacia los perdidos de este mundo.

El evangelista nunca está contento con quedarse dentro de las cómodas paredes de su iglesia local. Siempre está alcanzando a los perdidos, sea en su propia ciudad o en los confines de la tierra. Donde quiera que va siempre está testificando o predicando a las personas acerca de Jesús. Señales, maravillas y milagros de sanidad son manifiestos en su vida y ministerio diario mientras el Señor está obrando con él y confirmando su Palabra.

El evangelista verdadero del Nuevo Testamento no sólo está ganando por sí mismo personas para Jesús, sino que está participando activamente en el entrenamiento de otros creyentes para el evangelismo de milagros y luego los está movilizando dentro de ministerios de alcance evangelístico.

Contrariamente a los patrones tradicionales de muchos, el evangelista no sólo debe dirigir servicios evangelísticos en la iglesia local. Por el contrario, él está afuera en las calles, en los mercados, en los pueblos o en las selvas, donde las personas que necesitan oír el evangelio viven y trabajan.

El ministerio del evangelista, cuando está en su iglesia local, es el de mantener la visión del evangelismo local, nacional y mundial viva en los corazones de las personas. También está entrenando a los creyentes en la iglesia sobre cómo alcanzar a los perdidos con el evangelio de Jesús a través del evangelismo de milagros.

Un evangelista está continuamente enseñando a los creyentes métodos efectivos para el evangelismo personal. Debe estar entrenándolos en cómo ministrar sanidad a los enfermos y liberación a los oprimidos.

> 2 de Timoteo 4: 5 "Pero tú, sé sobrio en todo; soporta las aflicciones; haz obra de evangelista; cumple tu ministerio"

El apóstol Pablo le está escribiendo a Timoteo, diciéndole que no se frustre porque puede encontrar oposición. Que continúe con la labor de evangelista, manteniéndose firme. Además que sea incasablemente fiel en las cosas que Dios le ha comisionado a hacer.

Todas las iglesias deben de tener activo el Ministerio del evangelista. Ya sea en campañas locales o internacionales.

Pero es un llamado de Jesús directo para todos los creyentes, el de llevar el evangelio a toda criatura. Pero en esta lección estaremos viendo, el Ministerio del evangelista como oficio.

Un verdadero evangelista de oficio, estará movilizando equipos evangelísticos para alcanzar a los perdidos. No sólo predicará el evangelio con denuedo en las calles, sino que también será efectivo en el evangelismo personal, alcanzando a los perdidos, uno a uno, diariamente.

Aunque el evangelista usará todas las herramientas modernas de comunicación y transporte que están disponibles para multiplicar el evangelio a los perdidos, por sobre todo, estará comprometido con el concepto de personas alcanzando personas. Esperará y experimentará milagros a medida que Dios confirma su Palabra a los perdidos en dondequiera que el evangelio es compartido.

Mientras el evangelismo es el ministerio y la responsabilidad de cada creyente, el evangelista de oficio ministra en un nivel más alto de unción en esta área. Es un especialista en el evangelismo. Su responsabilidad primordial es preparar a todos los creyentes para hacer la obra del evangelismo.

PALABRAS GRIEGAS DEFINIDAS

Tres palabras griegas se utilizan para referirse al evangelista o su trabajo. Las tres surgen de la misma palabra básica y es de donde surge la palabra "evangelista" en español.

1) *Euaggelizo* – El Ministerio

2) *Euaggelion* – El Mensaje

3) *Euaggelistes* – El Mensajero

EUAGGELIZO – EL MINISTERIO

"Euaggelizo" se refiere al ministerio y significa anunciar las buenas nuevas o las buenas noticias. Esta palabra se refiere al ministerio del evangelista y es usada muchas veces en el Nuevo Testamento incluyendo en referencias al ministerio de Jesús como el Evangelista. Algunas citas nos dan este ejemplo:

EL MINISTERIO DE JESÚS.

> Lucas 4: 18 "El Espíritu del Señor está sobre mí, Por cuanto me ha ungido para dar buenas nuevas a los pobres; Me ha enviado a sanar a los quebrantados de corazón; A pregonar libertad a los cautivos, Y vista a los ciegos; A poner en libertad a los oprimidos"

MINISTERIO DE ÁNGELES.

> Lucas 1: 19 "El ángel le contestó: -Yo soy Gabriel, y estoy al servicio de Dios; él me mandó a hablar contigo y darte estas buenas noticias" (DHH)

> Lucas 2: 10 "Pero el ángel les dijo: No temáis; porque he aquí os doy nuevas de gran gozo, que será para todo el pueblo"

MINISTERIO DE JUAN EL BAUTISTA.

Lucas 3: 18 "De este modo, y con otros muchos consejos, Juan anunciaba la buena noticia a la gente" (DHH)

MINISTERIO DE LOS PRIMEROS CREYENTES.

Hechos 8: 4 "Los que habían sido dispersados predicaban la palabra por dondequiera que iban" (NVI)

MINISTERIO DE FELIPE.

Hechos 8: 12 "Pero cuando creyeron a Felipe, que anunciaba el evangelio del reino de Dios y el nombre de Jesucristo, se bautizaban hombres y mujeres"

Hechos 8: 35 "Entonces Felipe, abriendo su boca, y comenzando desde esta escritura, le anunció el evangelio de Jesús"

MINISTERIO DE PEDRO Y JUAN.

Hechos 8: 25 "Y ellos, habiendo testificado y hablado la palabra de Dios, se volvieron a Jerusalén, y en muchas poblaciones de los samaritanos anunciaron el evangelio"

MINISTERIO DE PABLO.

> Hechos 13: 32 "Y nosotros también os anunciamos el evangelio de aquella promesa hecha a nuestros padres"

> 2 Corintios 10: 16 "y que anunciaremos el evangelio en los lugares más allá de vosotros, sin entrar en la obra de otro para gloriarnos en lo que ya estaba preparado"

> Efesios 3: 8 "A mí, que soy menos que el más pequeño de todos los santos, me fue dada esta gracia de anunciar entre los gentiles el evangelio de las inescrutables riquezas de Cristo"

DE TODOS LOS CREYENTES.

> Romanos 10: 15 "¿Y cómo predicarán si no fueren enviados? Como está escrito: ¡Cuán hermosos son los pies de los que anuncian la paz, de los que anuncian buenas nuevas!"

EUAGGELION – EL MENSAJE

"Euaggelion" se refiere al mensaje y significa el evangelio o un buen mensaje.

Esta es una palabra descriptiva para el mensaje que un evangelista entrega. Mientras hay muchas cosas a las que se pueden considerar buenas noticias, esta palabra se aplica especialmente a las buenas nuevas del evangelio de Jesucristo.

EL EVANGELIO DEL REINO.

Mateo 24: 14 "Y será predicado este evangelio del reino en todo el mundo, para testimonio a todas las naciones; y entonces vendrá el fin"

EL EVANGELIO DE LA GRACIA DE DIOS.

Hechos 20: 24 "Pero de ninguna cosa hago caso, ni estimo preciosa mi vida para mí mismo, con tal que acabe mi carrera con gozo, y el ministerio que recibí del Señor Jesús, para dar testimonio del evangelio de la gracia de Dios"

EL EVANGELIO DEL PODER DE DIOS.

Romanos 1: 16 "Porque no me avergüenzo del evangelio, porque es poder de Dios para salvación a todo aquel que cree; al judío primeramente, y también al griego"

EL EVANGELIO DE SALVACIÓN.

Efesios 1: 13 "En él también vosotros, habiendo oído la palabra de verdad, el evangelio de vuestra salvación, y habiendo creído en él, fuisteis sellados con el Espíritu Santo de la promesa"

El *Euaggelion* (el mensaje) no puede cambiar nunca. El Poder de Dios siempre va a hacer ser manifestado cuando predicamos su Palabra. Su palabra nunca retornará vacía, siempre va a hacer algo, de acuerdo al propósito de Dios.

> Isaías 55: 10-11 "Porque como desciende de los cielos la lluvia y la nieve, y no vuelve allá, sino que riega la tierra, y la hace germinar y producir, y da semilla al que siembra, y pan al que come, así será mi palabra que sale de mi boca; no volverá a mí vacía, sino que hará lo que yo quiero, y será prosperada en aquello para que la envié"

Euaggelistes – El Mensajero

"Euaggelistes" se refiere al hombre y significa predicador o mensajero de buenas nuevas.

Esta palabra describe a la persona y usualmente se traduce como evangelista. Además de ser usada en Efesios cuatro para describir uno de los cinco dones ministeriales, también se usa para referirse a Felipe "el evangelista" y también en las instrucciones de Pablo a Timoteo de que "haga la obra de evangelista."

> Efesios 4: 11 "Y él mismo constituyó a unos, apóstoles; a otros, profetas; a otros, evangelistas; a otros, pastores y maestros"

> Hechos 21: 8 "Al otro día, saliendo Pablo y los que con él estábamos, fuimos a Cesárea; y entrando en casa de **Felipe el evangelista**, que era uno de los siete, posamos con él"

2 Timoteo 4: 5 "Pero tú sé sobrio en todo, soporta las aflicciones, **haz obra de evangelista**, cumple tu ministerio"

EL MINISTERIO DE JESÚS COMO EVANGELISTA.

El ministerio de Jesús como el Evangelista fue profetizado por el profeta Isaías.

Isaías 61: 1 "El Espíritu de Jehová el Señor está sobre mí, porque me ungió Jehová; me ha enviado a predicar buenas nuevas a los abatidos, a vendar a los quebrantados de corazón, a publicar libertad a los cautivos, y a los presos apertura de la cárcel"

Y estando Jesús en la sinagoga de Nazaret leyó este pasaje, al principio de su Ministerio Terrenal.

Lucas 4: 18-19 "El Espíritu del Señor está sobre mí, Por cuanto me ha ungido para dar buenas nuevas a los pobres; Me ha enviado a sanar a los quebrantados de corazón; A pregonar libertad a los cautivos, Y vista a los ciegos; A poner en libertad a los oprimidos; A predicar el año agradable del Señor"

Nuestro Señor Jesucristo desarrollo su ministerio anunciando las buenas nuevas, Jesús hizo la función con las tres palabras griegas que acabamos de estudiar.

Jesús tenía el llamado de Dios y le dio **Euaggelizo** (El Ministerio), también lo capacito con **Euaggelion** (El

Mensaje) y desarrollo su vida como **Euaggelistes** (El Mensajero)

SEIS CARACTERÍSTICAS DE JESÚS COMO EVANGELISTA

De acuerdo a la palabra de Dios, hay seis cosas que caracterizaban a Jesús como un verdadero evangelista (*Euaggelistes*)

> Lucas 4: 18-19 "El Espíritu del Señor está sobre mí, Por cuanto me ha ungido para dar buenas nuevas a los pobres; Me ha enviado a sanar a los quebrantados de corazón; A pregonar libertad a los cautivos, Y vista a los ciegos; A poner en libertad a los oprimidos; A predicar el año agradable del Señor"

1) Para predicar el evangelio
2) Para sanar a los enfermos
3) Para predicar liberación a los cautivos
4) Para devolver la vista a los ciegos
5) Para poner en libertad a los oprimidos
6) Para predicar el año aceptable del Señor

(El "año aceptable del Señor" es una referencia al "Año del Jubileo" y era el tiempo para que toda esclavitud y deuda se cancelara.)

JESÚS EL EVANGELISTA.

A través de todo el libro de Lucas vemos a Jesús cumpliendo su ministerio como el evangelista como fue profetizado por el profeta Isaías.

> Lucas 4: 43 "Pero él les dijo: "Me es necesario anunciar el evangelio del reino de Dios a otras ciudades también, porque para esto he sido enviado"

> Lucas 7: 22 "Y respondiendo les dijo: -Id y haced saber a Juan lo que habéis visto y oído: Los ciegos ven, los cojos andan, los leprosos son hechos limpios, los sordos oyen, los muertos son resucitados, y a los pobres se les anuncia el evangelio"

> Lucas 8: 1 "Aconteció después, que él andaba de ciudad en ciudad y de aldea en aldea, predicando y anunciando el evangelio del reino de Dios. Los doce iban con él"

> Lucas 20: 1 "Aconteció un día que estando Jesús enseñando al pueblo en el templo y anunciando el evangelio, se le acercaron los principales sacerdotes y los escribas con los ancianos"

JESÚS EL MODELO EXCELENTE.

Los evangelistas de hoy deben de seguir el modelo de Jesús, respecto a cumplir su palabra. Y este ejemplo lo vemos en todos los evangelios.

> Mateo 9: 35 "Jesús recorría todas las ciudades y las aldeas, enseñando en sus sinagogas, predicando el evangelio del reino y sanando toda enfermedad y toda dolencia"

> Mateo 11: 5 "Los ciegos ven, los cojos andan, los leprosos son hechos limpios, los sordos oyen, los muertos son resucitados, y a los pobres se les anuncia el evangelio"

El ministerio del evangelista es muy importante para la iglesia hoy. En los últimos tiempos las personas como que han querido tener un "puesto" o un lugar preferiblemente que sea apóstol o profeta, y como vimos en las lecciones anteriores, ni es algo que yo escojo porque el don lo da Dios, ni mucho menos un título. El evangelista es ministerio que actualmente se escucha menos en las iglesias. Yo estoy de acuerdo con las escuelas, institutos o células en los hogares donde se estudie la palabra de Dios, pero ninguno de estos puede sustituirse por el ministerio del evangelista.

Hace unos años atrás, las iglesias vivían fervientemente todo lo que se refería a las misiones, había muchos misioneros, había más evangelistas. Debemos de volver a motivar a los hermanos y hermanas de todas partes del mundo, para que evangelicemos ya que estamos en la recta final, antes de la venida de nuestro Señor Jesucristo.

> Mateo 24: 46 "Bienaventurado aquel siervo al cual, cuando su señor venga, le halle haciendo así"

Lucas 12: 43 "Dichoso el siervo cuyo señor, al regresar, lo encuentra cumpliendo con su deber" (DHH)

No importa cuál sea nuestro llamado, debemos de estar activos, trabajando para el reino de los cielos. Hay mucho por hacer, hay muchos lugares donde hay que llevar la palabra, y hay millones de personas en el mundo, que si no escuchan el mensaje de salvación y mueren, su destino no será el cielo. ¿Será acaso que debes de predicarle a algún familiar suyo?

Apocalipsis 21: 27 "No entrará en ella ninguna cosa inmunda, o que hace abominación y mentira, sino solamente los que están inscritos en el libro de la vida del Cordero"

EL LLAMADO DEL EVANGELISTA.

Un evangelista, así como los otros dones del ministerio quíntuple debe tener un llamado específico de Dios.

Este llamado será confirmado por el ministerio profético de los profetas, apóstoles y otros ancianos y será impartido por la imposición de manos de la asamblea de ancianos.

Este don ministerial será reconocido por el cuerpo de Cristo. El evangelista debe ser reconocido como tal por los creyentes en la iglesia local. Debe ser respaldado financieramente y con oración por la iglesia local. Y cuando Dios dirija, debe ser enviado a otras áreas por esa iglesia.

1 Corintios 16: 1-3 "En cuanto a la ofrenda para los santos, haced vosotros también de la manera

que ordené en las iglesias de Galacia. Cada primer día de la semana cada uno de vosotros ponga aparte algo, según haya prosperado, guardándolo, para que cuando yo llegue no se recojan entonces ofrendas. Y cuando haya llegado, a quienes hubiere designado por carta, a éstos enviaré para que lleven vuestro donativo a Jerusalén"

Las ofrendas deben de ser para continuar la labor de llevar la palabra por todo el mundo. Aquí el apóstol Pablo les está diciendo que todos los primeros días de la semana, no del mes, de la semana cada uno, o sea todos, aparten algo, según hayan prosperado, según hayan ganado.

Cuando los demás creyentes de la iglesia, reconozcan el llamado del o de los evangelistas (*seria de bendición que en cada iglesia haya más de dos evangelistas*) entonces ellos apoyaran a este o ministerio, no solo con oración, sino con ayuda económica para que los mismos puedan viajar a diferentes lugares, ya sea local o internacionalmente.

Aunque hay un don ministerial especial como evangelista, todos los creyentes deben hacer la obra de un evangelista, como Pablo instruyó a Timoteo.

2 Timoteo 4: 5 "Pero tú, sé sobrio en todo; soporta las aflicciones; haz obra de evangelista; cumple tu ministerio"

Todos los creyentes debemos de evangelizar, todos debemos de entender la importancia de ganar almas para Cristo. Esto no es un asunto de organizar una campaña evangelística, sino más bien de tener un estilo de vida, que cada mañana al levantarnos, le pidamos a nuestro Señor, que nos ponga personas para que nosotros les podamos hablar de Jesucristo.

Aunque todos los creyentes debemos evangelizar, el evangelista tiene una unción especial para el evangelismo y por lo tanto tendrá más conocimiento en esta área del ministerio.

EL EJEMPLO DE FELIPE.

Felipe es el ejemplo del Nuevo Testamento de un evangelista.

> Hechos 21: 8 "Al día siguiente salimos y llegamos a Cesarea. Fuimos a casa de Felipe el evangelista, que era uno de los siete ayudantes de los apóstoles, y nos quedamos con él" (DHH)

Felipe tuvo un tiempo de preparación antes de ejercer el ministerio de evangelista. Él era una persona de oración, una persona hospitalaria, una persona que sabía que el servir a Dios, le daba una seguridad de paz y de bendición. Y antes de ser evangelista fue diacono.

> Hechos 6: 1-6 "En aquellos días, como crecía el número de los discípulos, se suscitó una murmuración de parte de los helenistas contra los hebreos, de que sus viudas eran desatendidas en la distribución diaria. Así que, los doce convocaron a la multitud de los discípulos y dijeron: -No conviene que nosotros descuidemos la palabra de Dios para servir a las mesas. Escoged, pues, hermanos, de entre vosotros a siete hombres que sean de buen testimonio,

> llenos del Espíritu y de sabiduría, a quienes pondremos sobre esta tarea. Y nosotros continuaremos en la oración y en el ministerio de la palabra. Esta propuesta agradó a toda la multitud; y eligieron a Esteban, hombre lleno de fe y del Espíritu Santo, a Felipe, a Prócoro, a Nicanor, a Timón, a Parmenas y a Nicolás, un prosélito de Antioquía. Presentaron a éstos delante de los apóstoles; y después de orar, les impusieron las manos"

De este pasaje vemos varias cosas de la vida y la preparación de Felipe antes que empezara a funcionar en el área de su don ministerial.

✓ Comprometido

Felipe estaba comprometido con la iglesia local en Jerusalén. Después la iglesia en Cesarea fue su iglesia.

✓ Buena Reputación

Felipe había probado ante el liderazgo de su iglesia local que era un varón de carácter e integridad.

✓ Lleno del Espíritu

Era un hombre que estaba continuamente lleno del Espíritu Santo.

✓ Sabiduría Probada

Era un hombre de sabiduría probada.

✓ Corazón de Siervo

Tenía un corazón de siervo. Tenía un corazón de compasión que respondía a las necesidades de los que estaban en necesidad. Era un varón humilde, dispuesto a servir a otros.

✓ Servicio Establecido

Antes que Felipe comenzara a ministrar como evangelista, primero se desempeñó como diácono en su iglesia local.

✓ Sometido a la Autoridad

Felipe aprendió cómo usar la autoridad al someterse primero a la autoridad de los ancianos.

✓ Recomendado por los Ancianos

Felipe tenía el respaldo espiritual de los ancianos de su iglesia local.

Cuando la persecución a los primeros cristianos comenzó, fue cuando más personas conocieron de Jesús. En esta persecución Felipe fue obligado a desempeñar el ministerio de evangelista.

> Hechos 8: 4-5 "Entonces, los que fueron esparcidos anduvieron anunciando la palabra. Y Felipe descendió a la ciudad de Samaria y les predicaba a Cristo"

El evangelista predica un mensaje principal. Es el evangelio de Jesucristo. A dondequiera que Felipe iba como evangelista, él proclamaba a Jesucristo.

> Hechos 8: 5 "Y Felipe descendió a la ciudad de Samaria y les predicaba a Cristo"

> Hechos 8: 12 "Pero cuando creyeron a Felipe mientras anunciaba el evangelio del reino de Dios y el nombre de Jesucristo, se bautizaban hombres y mujeres"

> Hechos 8: 35 "Entonces Felipe abrió su boca, y comenzando desde esta Escritura, le anunció el evangelio de Jesús"

> Hechos 8: 40 "Pero Felipe se encontró en Azoto, y pasando por allí, anunciaba el evangelio en todas las ciudades, hasta que llegó a Cesarea"

El mensaje del evangelista siempre será Cristo-céntrico, y con una mentalidad de que cada vez de que predique habrá salvación y milagros, porque tiene el respaldo de Dios.

EL BAUTISMO EN AGUA

Generalmente las iglesias (no todas), tienen como costumbre que el único que puede celebrar un bautismo es el pastor o co-pastor (pastor asociado). Esta idea es completamente errónea si la comparamos a las escrituras.

> Hechos 8: 12 "Pero cuando creyeron a Felipe mientras anunciaba el evangelio del reino de Dios

y el nombre de Jesucristo, se bautizaban hombres y mujeres"

Hechos 8: 36 "Mientras iban por el camino, llegaron a donde había agua, y el eunuco dijo: -He aquí hay agua. ¿Qué impide que yo sea bautizado?"

El mensaje del evangelista incluirá bautizar en agua a quienes reciben a Jesús, como un sello y un testimonio de su fe en Jesucristo. Por lo tanto, lo que se preguntan que si un evangelista puede bautizar, la respuesta basado en la Biblia, es si puede bautizar.

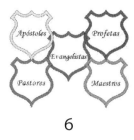

6

EL MINISTERIO DEL PASTOR

El pastor es el don ministerial más visible en la iglesia de hoy. Sin embargo, durante el tiempo de la iglesia neo testamentaria primitiva esto no era así.

En otras idiomas, como el inglés, (Bible New Version King James) la palabra pastor aparece solo en Efesios 4: 11 "Y él mismo constituyó a unos apóstoles, a otros profetas, a otros evangelistas, y a otros **pastores** y maestros". Porque en ingles pastor de ovejas se escribe "shepperd" Más en esta versión se dice pastor, como al pastor de una iglesia. En español, no existe esta diferencia.

Vamos a ver al pastor de dos perspectivas.

1) PERSPECTIVA DE IGLESIA TRADICIONAL

Una carga imposible ha sido puesta sobre el pastor a causa de nuestra falta de comprensión acerca de este don ministerial. En muchas congregaciones locales, el pastor es responsable por todo, incluyendo ganar a los perdidos, cuidar al rebaño, ser responsable por las finanzas, ser maestro y evangelista.

Cuando un hombre está solo en esta posición, se vuelve vulnerable y miles de pastores han caído en colapsos completos, sea moral, espiritual, física, emocional o mentalmente. Muchos han caído presas de la vanagloria de la vida por causa de la adulación.

Algunos han caído en el engaño de las riquezas y la malversación financiera porque no han existido los pesos y contrapesos dados por Dios.

2) PERSPECTIVA SEGÚN MODELO BÍBLICO

Cada uno de los cinco dones ministeriales debe ministrar y funcionar en unidad como un equipo en la iglesia local, cada uno operando en su propia función ministerial. En la Iglesia del Nuevo Testamento, vemos cada uno de los cinco dones ministeriales en operación en lugar de dejar todo el ministerio al pastor, como ha sido nuestra tradición. La función de los cinco ministerios en la iglesia local es dada por Jesús:

- ✓ Para preparar al pueblo de Dios para la obra del ministerio.
- ✓ Para edificar el cuerpo de Cristo.
- ✓ Para traer la unidad de la fe y el conocimiento del Hijo de Dios.
- ✓ Para traer a los santos a un lugar de madurez y a la plenitud de Cristo.

El don ministerial del pastor normalmente funciona sólo en una iglesia local. Los otros dones ministeriales funcionarán dentro de una iglesia local pero también serán enviados, de vez en cuando, para edificar a otros creyentes en la fe o para establecer otras iglesias.

EL ORIGEN DE LA PALABRA PASTOR

La palabra griega traducida pastor en Efesios 4:11 es "poimen," que significa pastor, alguien que cuidad manadas o rebaños, guía y alimenta al rebaño, o supervisor.

La palabra *"poimen"* se usa dieciocho veces en el Nuevo Testamento. En la versión inglesa se traduce sólo una vez como pastor (*N.T. en inglés "pastor"*). Las otras diecisiete veces se traduce como pastor en el sentido de 'cuidador de ovejas' (*N.T. "Shepherd," en inglés.*)

Algunos sienten que el pastor y el maestro son inseparables y que hay solamente cuatro dones ministeriales. La razón de esto es que Efesios cuatro dice, "Y él mismo constituyó a unos apóstoles, a otros profetas, a otros evangelistas." Luego, el pastor y el maestro se mencionan juntos cuando continúa el verso, "y a otros pastores y maestros."

Hay muchos argumentos que sustentan esta interpretación porque el ministerio del pastor es ciertamente en un grado elevado, un ministerio de enseñanza.

Hay personas que funcionan efectivamente como pastores y tienen un gran corazón de pastor, pero son muy malos maestros. Hay también maestros muy capaces y dotados de la Palabra que no tienen un corazón de pastor y parecen tener muy poca relación pastoral con las personas a quienes enseñan.

Independientemente de las diferentes teorías, nosotros creemos que existen y funcionan los cinco dones ministeriales, que cuando los estudiamos sabemos que son cinco distintos, que hay cosas en común unos con otros, pero son diferentes.

CINCO DONES MINISTERIALES

Todos los que están llamados y están funcionando en el ministerio quíntuple tienen sus fortalezas y sus limitaciones. Esta es una razón por la que los cinco dones ministeriales deben estar funcionando en cada iglesia local. Cada uno de los dones del ministerio necesita fluir y ministrar con los otros para preparar, edificar, hacer madurar a todos los creyentes en esa iglesia para que todos puedan alcanzar "la medida de la estatura de la plenitud de Cristo."

LOS PASTORES SON SUPERVISORES

Cuando decimos que son supervisores, no es como muchos imaginan un jefe de mal genio y dando órdenes todo el día.

La palabra griega para supervisor es "episkopos." También se traduce "obispo." Esta palabra significa alguien que alimenta a las ovejas. Sencillamente, es una referencia al pastor. Un obispo en el significado escritural, es una función en la iglesia local, no alguien que tiene autoridad sobre un grupo de iglesias locales, como la tiene un apóstol.

> Hechos 20: 28 "Tened cuidado por vosotros mismos y por todo el rebaño sobre el cual el Espíritu Santo os ha puesto como obispos, para

pastorear la iglesia del Señor, la cual adquirió para sí mediante su propia sangre"

Este mismo versículo vemos que el obispo es un pastor. No es un apóstol ni un profeta, es un pastor, pero si leemos de otras versiones de la Biblia, algunas ni si quiera usan la palabra obispo, como la versión Dios Habla Hoy.

LA PERSPECTIVA TRADICIONAL

Los obispos, como parte de una jerarquía eclesiástica, llegaron a existir no por una revelación o patrón neo testamentario, sino por los intentos del hombre de mejorar el plan y propósito de Dios para la iglesia local independiente. Un obispo no debe tomar el lugar de aquellos que Dios ha establecido como apóstoles y profetas.

Los pastores son supervisores del rebaño. El cuadro visual es el de un pastor sentado sobre la ladera de un monte y velando por las ovejas que han sido confiadas a su cuidado.

Todos los ancianos, o supervisores, de una iglesia local deben funcionar como pastores incluso si tienen un don ministerial diferente al de pastor.

Pablo dijo que aquellos que desean este don ministerial desean un trabajo noble.

> 1 Timoteo 3: 1 "Palabra fiel: Si alguno anhela obispado, buena obra desea"

Cuando Pablo le dice a Timoteo que si alguno desea, no es un título, o un puesto de importancia para elevar el orgullo, sino más bien es una función. Igual sucede con los otros dones ministeriales, apóstol, profeta, evangelista y maestro.

LOS CREYENTES COMO OVEJAS

Los términos "oveja" y "grey" no son las palabras más agradables que se pueden usar para describir al pueblo de Dios.

Sin embargo, estos términos son muy aptos para describir nuestra dependencia total de la guía, provisión y cuidado de Dios por nuestras vidas diarias.

> 1 Pedro 5: 2 "Apacentad la grey de Dios que está entre vosotros, cuidando de ella, no por fuerza, sino voluntariamente; no por ganancia deshonesta, sino con ánimo pronto"

LAS OVEJAS NECESITAN CUIDADO ESPECIAL

Las ovejas necesitan cuidado especial. Son las más dependientes criaturas de Dios. No pueden sobrevivir por sí solas.

> Génesis 4: 2 "Después dio a luz a su hermano Abel. Y Abel fue pastor de ovejas, y Caín labrador de la tierra"

Aun desde el tiempo de la primera familia, las ovejas tenían que ser cuidadas.

LAS OVEJAS NECESITAN SER ALIMENTADAS

> 1 de Samuel 17: 15 "David iba y volvía de donde estaba Saúl, para apacentar las ovejas de su padre en Belén"

> 1 Samuel 17: 20 "Se levantó, pues, David de mañana, y dejando las ovejas al cuidado de un guarda, se fue con su carga como Isaí le había mandado; y llego al campamento cuando el ejército salía en orden de batalla, y daba el grito de combate"

David nunca dejaba la grey sin atención. A diferencia de la mayoría de los animales, las ovejas no tienen ninguna habilidad para encontrar alimento y agua por ellas mismas. También tienen un sentido muy pobre de la dirección. ¿Será por eso que Dios nos llama ovejas? Yo creo que sí.

SE PIERDEN FÁCILMENTE

Las ovejas se pierden fácilmente y tienen una tendencia a extraviarse.

> Jeremías 50: 6 "Ovejas pérdidas fueron mi pueblo; sus pastores las hicieron errar, por los montes las descarriaron; anduvieron de monte en collado, y se olvidaron de sus rediles"

> Ezequiel 34: 12 "Como reconoce su rebaño el pastor el día que está en medio de sus ovejas esparcidas, así reconoceré mis ovejas, y las libraré

de todos los lugares en que fueron esparcidas el día del nublado y de la oscuridad"

Isaías 53: 6 "Todos andábamos perdidos, como suelen andar las ovejas. Cada uno hacía lo que bien le parecía; pero Dios hizo recaer en su fiel servidor el castigo que nosotros merecíamos." (TLA)

LAS OVEJAS NECESITAN PROTECCIÓN

Las ovejas son muy indefensas. Son susceptibles a casi todo tipo ataque. No tienen ninguna defensa natural como garras, mandíbulas fuertes o la capacidad de correr rápido. Si se las deja solas, son presa fácil para todo tipo de animales salvajes.

Mateo 10: 16 "He aquí, yo os envío como a ovejas en medio de lobos. Sed, pues, astutos como serpientes y sencillos como palomas"

Las ovejas están seguras sólo cuando están juntas en montón. Deben tener corrales y pastores que las protejan por la noche.

LAS OVEJAS SON VALIOSAS

Aún con todas sus fallas, las ovejas todavía eran consideradas una posesión valiosa. Las ovejas producen carne para alimentarse y lana para vestirse. Tienen la habilidad de seguir cuando caminan juntas y responden a la voz de su pastor.

Juan 10: 3 "El portero le abre la puerta, y el pastor llama a cada oveja por su nombre, y las ovejas reconocen su voz; las saca del redil" (DHH)

NECESITAN UN PASTOR PARA SOBREVIVIR

> Juan 10: 4 "y cuando ya han salido todas, camina delante de ellas, y las ovejas lo siguen porque reconocen su voz" (DHH)

Dios sabe que sin pastores para alimentar, atender, velar y cuidar de ellas, no sobrevivirían como su pueblo. El pastor debe de velar por cada oveja, es un trabajo si se puede decir individual, aunque es muy difícil quedarle bien a todas las personas, porque en una iglesia, hay ovejas recién nacidas, hay unas que ya deberían de estar reproduciéndose (*muchos no lo hacen*) hablo espiritualmente, también hay otras "ovejitas rebeldes" pero aun así, el pastor debe de atender, velar y conseguir el alimento para el rebaño.

Pero muchos se preguntarán ¿y cómo se hace cuando la iglesia tiene varios centenares de miembros o miles? Ahí es donde entra el presbiterio profético por medio de los apóstoles, profetas y ancianos y de la misma iglesia nombran ancianos para que apoyen a esta iglesia, y también cabe la posibilidad de traer más personas (ancianos) de otros lugares para que compartan sus experiencias y enseñen a otros lo que Dios le ha dado. Pero si pensamos en una iglesia de más de 200 personas, se supone, que de esas 200 haya personas capacitadas para ejercer un ministerio.

JESÚS COMO NUESTRO PASTOR

El uso de la palabra pastor, fue muy descriptivo en el tiempo del ministerio de Jesús y mientras la iglesia temprana estaba siendo establecida. Los pastores y las ovejas eran una parte importante de sus vidas y de su economía. Se veían pastores por todas partes. Sin embargo, la obra del pastor no era una tarea de prestigio y honor.

> Juan 10: 1-3 "Entonces Jesús dijo: "Les aseguro que el que no entra en el redil de las ovejas por la puerta es un ladrón y un bandido, pero el que entra por la puerta es el pastor que cuida las ovejas. El portero le abre la puerta, y el pastor llama a cada oveja por su nombre, y las ovejas reconocen su voz; las saca del redil" (DHH)

Un redil era una pared alrededor de un área abierta a donde entraban y de donde salían las ovejas. A menudo, varios rebaños entraban en un redil más grande para que pudiera haber más pastores que las protegieran en la noche, y para que los otros pastores pudieran descansar. Así sería un ejemplo de una iglesia grande, con más pastores para poder cuidar a todas las ovejas.

JESÚS ES LA PUERTA

En algunos rediles no había una verdadera puerta. El pastor guiaba a las ovejas al área segura y luego dormía en la abertura del redil para proteger a las ovejas durante la noche.

Puede ser que existan muchas iglesias y muchos pastores, mas no todos tienen como puerta principal a Jesús, puede ser que en algún momento la tuvieron y la sellaron para colocar una puerta falsa. O hay otros que usan el nombre de Jesús solo por hacer de su iglesia un "negocio". Debemos de tener mucho cuidado.

> Lucas 13: 24-27 "Esforzaos a entrar por la puerta angosta; porque os digo que muchos procurarán

entrar, y no podrán. Después que el padre de familia se haya levantado y cerrado la puerta, y estando fuera empecéis a llamar a la puerta, diciendo: Señor, Señor, ábrenos, él respondiendo os dirá: No sé dónde sois. Entonces comenzaréis a decir: Delante de ti hemos comido y bebido, y en nuestras plazas enseñaste. Pero os dirá: Os digo que no sé de donde sois; apartaos de mi todos vosotros, hacedores de maldad"

Jesús dijo que Él era la puerta y sólo el hombre que entra por la puerta, o es llamado por Dios, puede ser un pastor verdadero para las ovejas.

Juan 10: 9 "Yo soy la puerta; el que por mí entrará, será salvo; y entrará, y saldrá, y hallará pastos"

CONOCEN SU VOZ

En los grandes rebaños del tiempo de Jesús había un pastor jefe que sacaba a sus ovejas por la mañana. Las ovejas conocían la voz de su propio pastor y esperaban hasta que él llegara y las llamara.

Juan 10: 4-5 "y cuando ya han salido todas, camina delante de ellas, y las ovejas lo siguen porque reconocen su voz. En cambio, a un desconocido no lo siguen, sino que huyen de él, porque desconocen su voz" (DHH)

Hay una pregunta que posiblemente al leer este versículo se pregunten. ¿Entonces porque muchos siguen a esos falsos pastores? La respuesta es sencilla, porque son falsas ovejas. Porque un creyente que ha nacido de nuevo que tiene al Espíritu Santo, es imposible, que no sepa cuál es la palabra de Dios. Ya este creyente conoce la voz de Jesús. Y conoce todas las cosas.

> 1 Juan 2: 20 "Pero vosotros tenéis la unción del Santo, y conocéis todas las cosas"

Aunque también hay otros que conociendo su voz se salen del redil, para seguir doctrinas de demonios.

> 1 Timoteo 4: 1 "Pero el Espíritu dice claramente que en los postreros tiempos algunos apostatarán de la fe, escuchando a espíritus engañadores y a doctrinas de demonios"

No basta con solo escuchar la voz de Dios, sino poner en práctica su palabra y vivir en obediencia.

JESÚS EL BUEN PASTOR

Jesús señaló la diferencia entre una persona que cuida las ovejas por dinero, un asalariado y el verdadero pastor que pondría su vida para proteger a las ovejas.

> Juan 10: 11-14 "Yo soy el buen pastor; el buen pastor su vida da por las ovejas. Más el asalariado, y que no es el pastor, de quien no son propias las ovejas, ve venir al lobo y deja las ovejas y huye, y el lobo arrebata las ovejas y las dispersa. Así que el asalariado huye, porque es asalariado, y no le

importan las ovejas. Yo soy el buen pastor; y conozco mis ovejas, y las mías me conocen"

¿Le parece familiar este pasaje? Hay muchos que se dicen ser pastores, que están solo por las finanzas, es una lástima lo que hacen con las ovejas. Este mismo pasaje en el v.13 de la Biblia Dios habla hoy dice: *"ese hombre huye porque lo único que le importa es la paga y no las ovejas"*. Dios es nuestro juez no juzgamos, pero si vemos y se cumple en estos días, lo que Jesús dijo al respecto.

Nuestro Señor vino al pueblo judío, pero no solo a ellos, sino a todos los seres humanos y por todos Él vino a salvar. En la Biblia se conoce como el pueblo judío y los gentiles.

> Juan 10: 16 "También tengo otras ovejas que no son de este redil; aquellas también debo de traer, y oirán mi voz; y habrá un rebaño, y un pastor"

El único que puede hacer eso es Jesucristo. Por eso lo conocemos como el Gran Pastor.

> Hebreos 13: 20 "Que el Dios de paz, que resucitó de la muerte a nuestro Señor Jesús, el Gran Pastor de las ovejas, quien con su sangre confirmó su alianza eterna" (DHH)

JESÚS PRÍNCIPE DE LOS PASTORES

> 1 Pedro 5: 4 "Y cuando aparezca el Príncipe de los pastores, vosotros recibiréis la corona incorruptible de gloria"

En este pasaje, vemos que Pedro les está hablando a los ancianos de la iglesia. Pero no solo a los ancianos sino a los ancianos que están pastoreando. Los líderes fieles de la iglesia, que con frecuencia reciben deshonor en la tierra, recibirán gloria en el cielo, de manos de Cristo, el Jefe de todos los pastores, nuestro Príncipe de los pastores. De esta misma corona habla Santiago *(Santiago 1: 12)* y Pablo *(2 Timoteo 4: 8)*

JESÚS FUE COMPASIVO

Jesús tuvo compasión de las personas, se refirió a ellas como "desamparadas y dispersas, como ovejas sin pastor." El pastor debe tener compasión y ser su cuidador.

> Mateo 9: 36 "Y al ver las multitudes, tuvo compasión de ellas; porque estaban desamparadas y dispersas como ovejas que no tienen pastor"

Si Jesús tuvo compasión de estas personas, nosotros que debemos de ser reflejo de Cristo aquí en la tierra, también debemos tener amor y compasión por todas las personas.

> Santiago 2: 8-9 "Si en verdad cumplís la ley real, conforme a la Escritura: Amarás a tu prójimo como a ti mismo, bien hacéis; pero si hacéis acepción de personas, cometéis pecado, y quedáis convictos por la ley como transgresores"

El ministerio de Jesús como el Pastor es el modelo de ministerio para todo aquel que es llamado como pastor en la iglesia local.

CUALIDADES QUE DEBE DE TENER UN PASTOR

Si los pastores van a conducir a los creyentes en una iglesia local, tienen que haber caminado antes en los caminos de Dios. Tienen que tener un conocimiento efectivo de las verdades de la Palabra de Dios y haber experimentado esas verdades obrando en sus propias vidas.

Como líderes, si los pastores quieren que las ovejas en la iglesia oren, ellos mismos tienen que ser personas de oración. Si quieren que los creyentes sean fieles en sus diezmos y ofrendas, ellos mismos tienen que ser dadores fieles. Si quieren que las personas sean ganadoras de almas, ellos mismos también tienen que ser ganadores de almas. Los pastores tienen que ser un ejemplo para los creyentes.

DEBEN CONDUCIR A LAS OVEJAS

El pastor debe de ayudar a las ovejas a caminar sobre la palabra de Dios, para que encuentren las bendiciones que nuestro Padre nos da. Tiene que ser una persona que sea ejemplo para los demás, que cuando hable, el pueblo le escuche.

> Juan 10: 4 "y cuando ya han salido todas, camina delante de ellas, y las ovejas lo siguen porque reconocen su voz" (DHH)

ALIMENTAR AL REBAÑO

Un pastor debe de ser capaz de alimentar a la grey, que se les supla todas las necesidades espirituales por medio de la palabra. Para que las ovejas se nutran y crezcan, tienen que ser alimentadas con buena y equilibrada comida y agua espiritual de la Palabra de Dios.

> Jeremías 23: 4 "Y pondré sobre ellas pastores que las apacienten; y no temerán más, ni se amedrantaran, ni serán menoscabadas, dice Jehová"

> Hechos 20: 28 "Por lo tanto, estén atentos y cuiden de la toda la congregación, en la cual el Espíritu Santo los ha puesto como pastores para que cuiden de la iglesia de Dios, que él compró con su propia sangre" (DHH)

ALIMENTARSE ELLOS MISMOS

Los pastores deben de dedicarse al estudio de la palabra y de la oración. Debe de tener tiempo para estar a solas con Dios. Si los pastores van alimentar a las ovejas, tienen que primero pasar tiempo alimentándose de la Palabra ellos mismos.

> Hechos 6: 4 "Y nosotros persistiremos en la oración y en el ministerio de la palabra"

> Jeremías 10: 21 "Porque los pastores se infatuaron, y no buscaron a Jehová; por tanto no prosperaron, y todo su ganado se espació"

COMUNICAR HÁBILMENTE

Los pastores deben ser hábiles en alimentar con la Palabra. Tienen que ser capaces de comunicar a todas las edades espirituales, desde los más jóvenes hasta los maduros porque la grey tendrá ovejas de todas las edades.

> Isaías 40: 11 "Como pastor apacentara su rebaño; en su brazo llevará los corderos, y en su seno los llevará; pastoreara suavemente a las recién paridas"

TENER UNA RELACIÓN PERSONAL

Un pastor debe tener una relación personal con las ovejas. El pastor debe de conocer a las ovejas, y saber en qué áreas cada una necesita ayuda. Una iglesia local debe tener un número suficiente de pastores funcionando como parte del cuerpo de ancianos para que cada una de las ovejas sea conocida por nombre y cada una tenga una relación personal con un pastor. En lugar de que los pastores estén aislados de los creyentes, deben ser accesibles, dando tiempo para conocer y relacionarse personalmente con ellas.

> Juan 10: 27 "Mis ovejas oyen mi voz, y yo las conozco, y me siguen"

FUENTE DE FORTALEZA

Los pastores se convierten en una fuente verdadera de fortaleza y aliento para las personas con quienes se relacionan.

> Hebreos 13: 7 "Acuérdense de sus dirigentes, que les comunicaron la palabra de Dios. Consideren cuál fue el resultado de su estilo de vida, e imiten su fe" (NVI)

PONEN SU VIDA

Un pastor debe estar dispuesto a poner su vida por las ovejas. Como un padre o una madre dan todo por su hijo, así deben de ser los pastores, como verdaderos padres.

> Juan 10: 15 "así como el Padre me conoce, y yo conozco al Padre; y pongo mi vida por las ovejas"

> 1 Juan 3: 16 "En esto hemos conocido el amor, en que él puso su vida por nosotros; también nosotros debemos de poner nuestras vidas por los hermanos"

Los pastores deben tener un sentido profundo de compromiso y lealtad hacia las ovejas. Cuando las personas saben que su pastor está completamente comprometido con ellos, se comprometerán completamente con él. Este compromiso involucra derramar la propia vida, tiempo, preocupación y fuerzas por las ovejas.

DEBEN DE TENER UN AMOR PROFUNDO

Debido a un amor profundo, los pastores velarán por las ovejas sabiendo que tendrán que rendir cuentas a Dios por cada una de ellas.

> Hebreos 13: 17 "Obedeced a vuestros pastores, y sujetaos a ellos; porque ellos velan por vuestras almas, como quienes han de dar cuenta; para que lo hagan con alegría, y no quejándose, porque esto no os es provechoso"

BUSCAR A LOS PERDIDOS

El ministerio del pastor es buscar a aquellos que se han extraviado.

> Lucas 15: 4 "¿Qué hombre de vosotros, teniendo cien ovejas, si pierde una de ellas, no deja las noventa y nueve en el desierto, y va tras la que se perdió, hasta encontrarla?"

El pastor siempre está alcanzando a aquellos que se han enfriado en su relación con Dios. Él estará atento para descubrir algunas ovejas que hayan empezado a extraviarse. Él las buscará. Las llamará y visitará, exhortándolas a volver al redil.

CUIDAR EL REBAÑO

El pastor siempre estará atento al peligro que pueda haber para el redil, venga de afuera o de adentro. El conoce a aquellos que están dolidos o a aquellos que han resbalado o caído. Está alerta por si acaso alguien intentara traer doctrina falsa o intentara traer división o contienda.

> Hechos 20: 29 "Porque yo sé que después de mi partida entrarán en medio de vosotros lobos rapaces que no perdonarán la vida al rebaño"

> Isaías 58: 6-7 "¿No consiste, más bien, el ayuno que yo escogí, en desatar las ligaduras de impiedad, en soltar las ataduras del yugo, en dejar libres a los quebrantados y en romper todo yugo? ¿No consiste en compartir tu pan con el

hambriento y en llevar a tu casa a los pobres sin hogar? ¿No consiste en cubrir a tu prójimo cuando lo veas desnudo, y en no esconderte de quien es tu propia carne?"

El pastor siempre estará ayudando a quienes están dolidos, a los pobres, a las viudas y a los huérfanos. Visitará y ministrará sanidad a los enfermos. Traerá consuelo a quienes han perdido seres queridos por muerte. El pastor corregirá y disciplinará a quienes han pecado. El pastor lleva consigo una vara y un cayado. El cayado se usa para alcanzar y rescatar, pero la vara se usa para corregir y proteger.

Los pastores serán equilibrados en el uso de su tiempo. Pasarán tiempo no sólo con quienes están sufriendo, sino pasarán mucho de su tiempo ayudando al desarrollo de quienes tienen un deseo de crecer y madurar en su vida cristiana. En lugar de pasar todo su tiempo "apagando incendios" pasarán la mayor parte de su tiempo "encendiendo incendios" en las vidas de aquellos que están totalmente comprometidos. Reconocerán el liderazgo y a aquellos a quienes Dios está llamando al ministerio quíntuple y pasarán tiempo capacitando a otros para la obra a la que Dios los ha llamado.

Todas estas áreas del ministerio del pastor tienen que mantenerse equilibradas con el uso más efectivo del tiempo. Cuando los pastores son fieles en todas estas áreas, las ovejas responderán también siendo fieles y comprometidas con la obra del Señor en la iglesia local. Las ovejas saludables se reproducirán por sí mismas. Al hacerlo, la iglesia local crecerá y extenderá su ministerio.

Mientras el pastor sea fiel con las ovejas que tiene, el Señor le dará más.

> Mateo 25: 21 "Y su señor le dijo: Bien, buen siervo y fiel; sobre poco has sido fiel, sobre mucho te pondré; entra el gozo de tu señor"

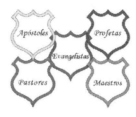

7

EL MINISTERIO DEL MAESTRO

Cuando Jesús dio la gran comisión, no sólo encargó a sus creyentes que predicasen el evangelio, también les dijo que hicieran discípulos de todas las naciones. Esto se haría a través de la enseñanza.

> Mateo 28: 19-20 "Por tanto, id y haced discípulos a todas las naciones, bautizándoles en el nombre del Padre, del Hijo y del Espíritu Santo, y enseñándoles que guarden todas las cosas que os he mandado. Y he aquí, yo estoy con vosotros todos los días, hasta el fin del mundo"

Un maestro es alguien que instruye y por su instrucción hace que otros aprendan. Su instrucción implica la exposición y explicación de la Escritura y la instrucción en la doctrina.

El ministerio de enseñanza tiene un lugar importante en el Nuevo Testamento. El maestro es el único mencionado por nombre en las tres listas de los dones ministeriales dadas en la Escritura.

Efesios 4: 11 "Y él mismo constituyó a unos apóstoles, a otros profetas, a otros evangelistas, y a otros pastores y maestros"

Romanos 12: 6-7 "Dios nos ha dado diferentes dones, según lo que él quiso dar a cada uno. Por lo tanto, si Dios nos ha dado el don de profecía, hablemos según la fe que tenemos; si nos ha dado el don de servir a otros, sirvámoslos bien. El que haya recibido el don de enseñar, que se dedique a la enseñanza" (DHH)

1 Corintios 12: 28-29 "Y a unos puso Dios en la iglesia, primeramente apóstoles, luego profetas, lo tercero maestros, luego los que hacen milagros, después los que sanan, los que ayudan, los que administran, los que tienen don de lenguas. ¿Son todos apóstoles? ¿Son todos profetas? ¿Todos maestros? ¿Hacen todos milagros?

La enseñanza es necesaria para la unidad, el crecimiento, la madurez y para capacitar a los creyentes para el servicio.

Efesios 4: 12-13 "a fin de perfeccionar a los santos para la obra del ministerio, para la edificación del cuerpo de Cristo, hasta que todos lleguemos a la unidad de la fe y del conocimiento del Hijo de Dios, a un varón perfecto, a la medida de la estatura de la plenitud de Cristo"

El ministerio del maestro es absolutamente necesario para que los creyentes maduren en la Palabra. La enseñanza en las iglesias es de suma importancia para que los creyentes practiquen en su vida diaria lo que aprenden por medio del ministerio magisterial. Debemos de crecer cada día en fe, en palabra y en conocimiento.

Efesios 4: 15 "sino que siguiendo la verdad en amor, crezcamos en todo en aquel que es la cabeza, esto es, Cristo"

En el Antiguo Testamento hay dos palabras en hebreo que describen el Ministerio del maestro:

YARAH Y LAMAD

YARAH significa fluir como agua (como lluvia), señalar (como con el dedo). Ha sido traducida como: dirigir, informar, instruir, poner, disparar, *mostrar, enseñar a través de, y llover.*

Éxodo 4: 12 "Ahora pues, ve, y yo estaré con tu boca, y te enseñaré lo que hayas de hablar"

Éxodo 4: 15 "Tú hablaras a él, y pondrás en su boca las palabras, y yo estaré con tu boca y con la suya, y os enseñaré lo que hayáis de hacer"

Éxodo 18: 20 "Y enseña a ellos las ordenanzas y las leyes, y muéstrales el camino por donde deben de andar, y lo que han de hacer"

LAMAD significa aguijonear, o por implicación, o enseñar por el incentivo de la vara. Se ha traducido como: instruir diligentemente, aprender, hábil, enseñar, maestro o enseñanza.

Deuteronomio 5: 1 "Llamó Moisés a todo Israel y les dijo: Oye, Israel, los estatutos y decretos que yo pronuncio hoy en vuestros oídos; aprendedlos, y guardadlos, para ponerlos por obra"

Salmo 119: 7 "Te alabaré con rectitud de corazón, cuando aprendiere tus justos juicios"

Deuteronomio 11: 19 "Y las enseñareis a vuestros hijos, hablando de ellas cuando te sientes en tu casa, cuando andes por el camino, cuando te acuestes, y cuando te levantes"

Salmo 25: 4-5 "Muéstrame, oh Jehová, tus caminos; enséñame tus sendas. Encamíname en tu verdad, y enséñame. Porque tú eres el Dios de mi salvación; en ti he esperado todo el día"

De estas palabras hebreas, encontramos que un maestro es alguien que señala el camino con su dedo, dirige, informa, instruye y muestra los caminos del Señor. A diferencia de una escuela donde existe un horario, el estudiar la palabra hay que hacerlo en todo tiempo. Dice Deuteronomio 11, cuando te sientes en tu casa, cuando andes por el camino, cuando te acuestes y cuando te levantes.

La enseñanza fluirá como la lluvia cayendo cuando el maestro es hábil en la instrucción. Esto ocasiona que los estudiantes aprendan. El enseñar es como un aguijón o una vara que hace que el pueblo ande en los caminos de Dios.

Una persona que ejerza el Ministerio del maestro (no es el que hace la "escuelita dominical" haciendo juegos y manualidades con los niños) sino más bien es un maestro en tiempo y fuera de tiempo. Debe de ser una persona de oración, que tenga la disciplina en la lectura no solo de la palabra, sino de material que sea de edificación, para que cuando exponga la palabra, tenga una mente más amplia, un panorama donde puede enseñar con más facilidad.

PALABRAS GRIEGAS.

Vimos anteriormente las palabras en hebreo que están en el Antiguo Testamento. Seis palabras fueron usadas con relación al maestro en el Nuevo Testamento, sin embargo, cada una de estas palabras surge de la misma palabra básica.

INSTRUIR:

"Didasko" significa aprender o enseñar. Se traduce como enseñar.

INSTRUCTIVO.

"Didaktikos" significa instructivo o didáctico. Se traduce como apto para enseñar.

INSTRUIDO.

"Didaktos" significa instruido, convencido por la enseñanza y se traduce como enseñado.

INSTRUCTOR.

"Dikaskolos" significa instructor y se traduce en la Biblia

- ✓ Doctor 14 veces
- ✓ Maestro 47 veces
- ✓ Instructor 10 veces
- ✓ Escriba 67 veces.

Un maestro es por lo tanto alguien que instruye y por la instrucción hace que otros aprendan. Implica la exposición, explicación e instrucción de la doctrina a otras personas. El maestro que es parte de los cinco dones ministeriales ha sido escogido por Dios para instruir a otros.

EL MEJOR MAESTRO DE TODOS LOS TIEMPOS

Jesús es nuestro mejor ejemplo de Maestro. Cualquier persona que sea llamada para ser un maestro debe estudiar los Evangelios y examinar la vida de Jesús como Maestro. Jesús tenía la capacidad para enseñarles a los fariseos, a los escribas, a todos los maestros de la ley, como también enseñarles a todos los que no tenían estudio, las personas del pueblo.

LO RECONOCIERON COMO MAESTRO.

Sus discípulos.

Sus discípulos lo reconocieron como maestro.

> Marcos 4: 38 "Pero Jesús se había dormido en la parte de atrás, apoyado sobre una almohada. Lo despertaron y le dijeron: - ¡Maestro! ¿No te importa que nos estemos hundiendo? (DHH)

> Juan 13: 13 "Vosotros me llamáis Maestro y Señor; y decís bien, porque lo soy"

LOS FARISEOS.

Los fariseos y los escribas de la ley conocían a Jesús como un maestro. Incluso trataron de usar su don de enseñanza como una trampa para involucrarlo en disputas políticas y religiosas.

> Mateo 22: 16-17 "Y le enviaron los discípulos de ellos con los herodianos, diciendo: Maestro, sabemos que eres amante de la verdad, y que enseñas con verdad el camino de Dios, y que

no te cuidas de nadie, porque no miras la apariencia de los hombres. Dinos, pues, qué te parece: ¿Es lícito dar tributo a César, o no?

EL JOVEN RICO.

El joven rico llamó a Jesús Maestro bueno.

> Marcos 10: 17 "Al salir él para seguir su camino, vino uno corriendo, e hincando la rodilla delante de él, le preguntó: Maestro bueno, ¿Qué haré para heredar la vida eterna?

NICODEMO.

El mismo Nicodemo, era un maestro y vino donde Jesús y reconoció que era un verdadero maestro, porque así lo llamó.

> Juan 2: 3 "Este fue de noche a visitar a Jesús, y le dijo:-Maestro, sabemos que Dios te ha enviado a enseñarnos, porque nadie podría hacer los milagros que tú haces, si Dios no estuviera con él" (DHH)

Aquí vemos el ejemplo, que aun así los que más saben deben de venir a Jesús. Nicodemo era uno de los principales hombres entre los judíos. Y Jesús cuando le dijo que era necesario nacer del agua y del Espíritu para entrar en el Reino de Dios, Nicodemo no entendió esto. Por eso Jesús le dijo ¿Tú que eres el maestro de Israel no sabes estas cosas? Y es que hay personas que conocen la palabra de Dios, pero solo con el conocimiento humano. Un maestro de la palabra debe de estar lleno del Espíritu Santo para que pueda traer la revelación de Dios a los que están recibiendo la enseñanza.

Jesús era un Maestro a dondequiera que iba. El pasó mucho de su tiempo enseñando a multitudes de personas.

> Mateo 9: 35 "Recorría Jesús todas las ciudades y aldeas, enseñando en las sinagogas de ellos, y predicando el evangelio del reino, y sanando toda enfermedad y toda dolencia del pueblo"

> Mateo 11: 1"Cuando Jesús terminó de dar instrucciones a sus doce discípulos, se fue de allí a enseñar y a predicar en las ciudades de ellos"

Nuestro Señor no solo enseñaba, sino que predicaba y si habían enfermos los sanaba, si había endemoniados los liberaba, porque el desarrolló no solo el Ministerio de maestro, sino que lo hacía en los cinco ministerios.

Jesús enseñaba con sabiduría, con autoridad, con milagros y era una costumbre en su vida, no lo hacía esporádicamente, él lo hacía siempre.

> Mateo 13: 54 "Y venido a su tierra, les enseñaba en la sinagoga de ellos, de tal manera que se maravillaban, y decían: ¿de dónde tiene éste está sabiduría y estos milagros?

> Mateo 21: 23"Cuando vino al templo, los principales sacerdotes y los ancianos del pueblo se acercaron a él mientras enseñaba, y le dijeron: ¿con qué autoridad haces estas cosas? ¿Y quién te dio esta autoridad?

> Marcos 10: 1 "Jesús partió de aquel lugar y se fue a la región de Judea y al otro lado del Jordán. Otra vez se le reunieron las multitudes, y como era su costumbre, les enseñaba" (NVI)

Jesús era un Maestro por excelencia. El conocimiento de Dios, nos acerca a Dios, lo conocemos y sabemos cómo nos ama. Pero el que no estudia, el que no lee, el que no escucha a los que enseñan, no van a tener una vida más victoriosa, porque por medio de la ignorancia, se cometen muchos errores.

Los maestros de la palabra no solo tienen que conocer la letra, deben de bajar la revelación de Dios, a través de la unción, deben de ser personas con el oído afinado a la voz del Espíritu Santo.

Los que escuchaban a Jesús, quedaban atónitos por la autoridad con que hablaba.

> Mateo 7: 28-29 "Y cuando terminó Jesús estas palabras, la gente se admiraba de su doctrina; porque les enseñaba como quien tiene autoridad, y no como los escribas"

Jesús ha dado esta misma unción y autoridad a los maestros en su iglesia. El éxito de la enseñanza Jesús no estaba en sus métodos o presentación. No estaba en su apariencia o manera de vestirse. Estaba en su autoridad.

Lo que llevó a Jesús a tener éxito como maestro fue que sólo enseñaba lo que recibía de su Padre y que enseñaba en la unción y en el poder del Espíritu Santo.

> Juan 7: 16 "Jesús les contestó: -Mi enseñanza no es mía, sino de aquel que me envió" (DHH)

> Juan 8: 28 "Por eso Jesús dijo: Cuando levantéis al Hijo del Hombre, entonces sabréis que yo soy y que no hago nada por mi cuenta, sino que hablo estas cosas como el Padre me enseñó" (BLA)

Jesús usó muchas maneras de enseñar, mientras hablaba con las personas, hacia ilustraciones, contaba parábolas, si las personas estaban en sus labores diarias Él iba a donde ellos. Jesús contaba una historia, o parábola, y luego la explicaba, relacionando la verdad con las vidas de las personas.

EJEMPLOS DE OTROS MAESTROS

PABLO.

Pablo era un apóstol, era evangelista pero también era un maestro.

> 1 Timoteo 2: 7 "Para esto yo fui constituido predicador y apóstol (digo verdad en Cristo, no miento), y maestro de los gentiles en fe y verdad"

> 2 Timoteo 1: 11"Dios me ha encargado de anunciar este mensaje, y me ha enviado como apóstol y maestro" (DHH)

BERNABÉ Y PABLO.

En Antioquía algunos de los creyentes que habían huido de la persecución testificaron a los griegos y fue fundada una iglesia. Ahí estaban trabajando muchos siervos de Dios, entre ellos Pablo y Bernabé.

> Hechos 11: 21- 26 "Y la mano del Señor estaba con ellos, y gran número creyó y se convirtió al Señor. Llegó la noticia de estas cosas a oídos de la iglesia que estaba en Jerusalén; y enviaron a Bernabé que fuese a Antioquía. Este, cuando llegó, y vio la gracia de Dios, se regocijó, y exhorto a todos a que con propósito de corazón permaneciesen fieles al Señor. Porque

era varón bueno, y lleno del Espíritu Santo y de fe. Y una gran multitud fue agregada al Señor. Después fue Bernabé a Tarso para buscar a Saulo; y hallándole, le trajo a Antioquía. Y se congregaron allí todo un año con la iglesia, y enseñaron a mucha gente; y a los discípulos se les llamó cristianos por primera vez en Antioquía"

Las Buenas Nuevas deben de continuar anunciándose por todos los rincones del planeta. Pero es un trabajo en conjunto, no solo de pastores, deben de trabajar los cinco ministerios. En el pasaje anterior, vemos como los apóstoles y los ancianos enviaron al apóstol Bernabé, y con la llegada del apóstol fue activada la evangelización, y por consiguiente la enseñanza. También es bueno recalcar que no había egoísmo, el apóstol Bernabé al ver que la iglesia crecía, fue a buscar al apóstol Pablo y después ambos se congregaron todo un año con los nuevos creyentes y predicaban y enseñaban, así la iglesia iba en aumento no solo físicamente, sino también crecía espiritualmente de acuerdo a la enseñanza.

Pablo, el mismo hombre que había perseguido a los creyentes ocasionando que huyeran a Antioquía, fue encontrado más tarde por Bernabé y llevado a Antioquía para enseñar a los nuevos creyentes. Pablo y Bernabé funcionaron como profetas y maestros antes que fueron enviados como apóstoles.

Hechos 13: 1 "Había entonces en la iglesia que estaba en Antioquía, profetas y maestros: Bernabé, Simón el que se llamaba Níger, Lucio de Cirene, Manaén el que se había criado junto con Herodes el Tetrarca, y Saulo"

APOLOS.

Apolos era un maestro con mucho conocimiento.

> Hechos 18: 24-26 "Llegó a Éfeso un judío llamado Apolos, natural de Alejandría, varón elocuente, poderoso en las Escrituras. Este había sido instruido en el camino del Señor; y siendo de espíritu fervoroso, hablaba y enseñaba diligentemente lo concerniente al Señor, aunque solamente conocía el bautismo de Juan. Y comenzó a hablar con denuedo en la sinagoga; pero cuando lo oyeron Priscila y Aquila, le tomaron aparte y lo expusieron más exactamente el camino de Dios"

La enseñanza debe de ir acompañada del conocimiento y la unción del Espíritu Santo. Cuando sea así, los discípulos van a conocer la palabra y el Poder de Dios, actuando en sus vidas. En la Biblia, encontramos que los que enseñaban a los discípulos recibían la enseñanza pero eran testigos de los milagros y maravillas que estos hombres de Dios hacían.

La enseñanza debe de traer unidad y armonía en el cuerpo de Cristo, nunca traer división, ni una competencia de ministros ni ministerios.

> 1 Corintios 3: 5-8 "¿Qué, pues, es Pablo, y qué es Apolos? Servidores por medio de los cuales habéis creído; y eso según lo que a cada uno concedió el Señor. Yo planté, Apolos regó, pero el crecimiento lo ha dado Dios. Así que ni el que planta es algo, ni el que riega, sino Dios, que da el crecimiento. Y el que planta y el que riega son una misma cosa; aunque cada uno recibirá su recompensa de acuerdo a su labor"

Cualquier creyente puede enseñar lo que sabe de la Biblia, pero el llamado de un maestro es un don divino. El don ministerial de maestro no es un llamado basado en la capacidad o inclinación natural para enseñar.

El don ministerial de un maestro no será seco. Conducirá ríos de agua viva y será ungido por el Espíritu Santo.

Los maestros deben de ser personas humildes, dispuestas a servir, sin ser orgullosos, ni vanagloriosos. No pueden tener un espíritu de contienda.

> 2 Timoteo 2: 23-26 "Pero desecha las cuestiones necias e insensatas, sabiendo que engendran contiendas. Porque el siervo del Señor no debe de ser contencioso, sino amable para con todos, apto para enseñar, sufrido; que con mansedumbre corrija a los que se oponen, por si quizá Dios les conceda que se arrepientan para conocer la verdad, y escapen del lazo del diablo, en que están cautivos a voluntad de él"

Así lo confirma la palabra, maestros que sean pacientes, que no sea contencioso, y que enseñe con la verdad, con amor y paciencia.

Los maestros ungidos dependerán del Espíritu Santo cuando estén preparándose y cuando estén enseñando. Entienden que es el Espíritu Santo quien trae iluminación y vida a la Palabra de Dios.

> Juan 14: 26 "Mas el Consolador, el Espíritu Santo, a quien el Padre enviará en mi nombre, él os enseñará todas las cosas, y os recordará todo lo que yo os he dicho"

> Efesios 1: 17-18 "para que el Dios de nuestro Señor Jesucristo, el Padre de gloria, os dé espíritu de sabiduría y de revelación en el conocimiento de él, alumbrando los ojos de vuestro entendimiento, para que sepáis cuál es la esperanza a que él os ha llamado, y cuáles las riquezas de la gloria de su herencia en los santos"

> 1 Corintios 2: 13 "lo cual también hablamos, no con palabras enseñadas por sabiduría humana, sino con las que enseña el Espíritu, acomodando lo espiritual a lo espiritual"

Los maestros exitosos se multiplicarán en las vidas de aquellos a quienes enseñan.

> 2 Timoteo 2: 2 "Lo que has oído de mí ante muchos testigos, esto encarga a hombres fieles que sean idóneos para enseñar también a otros"

Se dedicarán al estudio de la Palabra de Dios. Su enseñanza inculcará un amor y un respeto por la Palabra en el pueblo de Dios y lo llevará a un lugar de madurez en la fe.

Cuando un verdadero maestro enseña con amor y pasión por las almas, estas crecerán y tomaran el ejemplo de su maestro.

En nuestro Ministerio (*Ministerio Internacional Dios Proveerá*) creemos en la enseñanza y la capacitación de siervos y siervas alrededor del mundo, por esta razón oramos todos los días para que la palabra de Dios fluya en muchos lugares.

Los maestros están satisfechos cuando saben que han enseñado a sus estudiantes el corazón y la mente de Dios, y luego ven a sus estudiantes caminar en obediencia a las cosas que han aprendido.

> Deuteronomio 4: 5 "Mirad, yo os he enseñado estatutos y decretos, como Jehová mi Dios me mandó, para que hagáis así en medio de la tierra en la cual entráis para tomar posesión de ella"

Se pueden esperar grandes resultados cuando un maestro está enseñando verdades de la Palabra de Dios que son prácticas y relacionadas con la vida. Cuando Pablo enseñó a los creyentes en Éfeso se multiplicó en las vidas de los estudiantes. Y como resultado, toda persona en Asia Menor escuchó el evangelio.

> Hechos 19: 9-10 "Pero endureciéndose algunos y no creyendo, maldiciendo el Camino delante de la multitud, se apartó Pablo de ellos y separó a los discípulos, discutiendo cada día en la escuela de uno llamado Tiranno. Así continuó por espacio de dos años, de manera que todos los que habitaban en Asia, judíos y griegos, oyeron la palabra del Señor Jesús"

Muchos puede ser que no estén de acuerdo con lo que un maestro de la palabra enseñe, como muchos no están de acuerdo al día de hoy, ni reconocen el Ministerio Quíntuple, pero Pablo como buen maestro, no discutió con los que no estaban de acuerdo, por el contario se llevó a los creyentes a la escuela. Primeramente enseñaba en la sinagoga de Éfeso, pero cuando algunos se opusieron hablaban mal del Nuevo Camino, entonces Pablo se apartó de estos que estaban en contra.

Un maestro es parte del Ministerio Quíntuple, el mismo debe de ser sustentado por aquellos a quienes este enseñando.

>Gálatas 6: 6 "El que es enseñado en la palabra, haga partícipe de toda cosa buena al que lo instruye"

Este mismo versículo dice así en la Biblia Dios Habla Hoy.

>Gálatas 6: 6 "El que recibe instrucción en el mensaje del evangelio, debe compartir con su maestro toda clase de bienes"

En esto hay que tener mucho cuidado, un maestro no puede manipular a nadie para sacar beneficio a costa del evangelio. Pero si los alumnos deben de ser conscientes, que el que les está instruyendo, es merecedor de las bendiciones que los discípulos tengan para él. Y en Gálatas no dice, que son limosnas, dice que el discípulo haga participe de toda cosa buena, de toda clase de bienes. Y como dice el versículo siete, todo lo que el hombre sembrare, eso cosechará.

Debe haber el mismo patrón para el sustento financiero del apóstol, profeta, evangelista y el maestro en la iglesia como lo hay para el pastor.

Cuando una iglesia nueva se está estableciendo, el apóstol y el profeta deben ser sustentados por la iglesia que los envía. Sin embargo, a medida que la iglesia comienza a crecer, debe comenzar a sustentar a los evangelistas y los maestros tanto como a los pastores.

Cuando una iglesia ha crecido en tamaño suficiente, se debe esperar que también envíe apóstoles y profetas con sustento financiero.

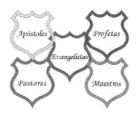

8

EL GOBIERNO APOSTÓLICO Y LA COBERTURA

En esta lección veremos varias cosas respecto a lo apostólico, como la organización, la cobertura, y el sistema de trabajo. Hablar de gobierno apostólico es hablar de un sistema de organización ministerial, que se está aplicando en muchas iglesias alrededor del mundo hasta el día de hoy.

Las iglesias a través de los tiempos, han ido evolucionando si lo podemos decir de alguna manera, en su forma de culto. Lo que nunca ha cambiado ni lo que nunca cambiará es la palabra de Dios, esta es irrefutable, no cambia, porque Dios tampoco cambia ni muda su divinidad.

> Hebreos 1: 10-12 "Y: Tú, oh Señor, en el principio fundaste la tierra, y los cielos son obra de tus manos. Ellos perecerán, más

tu permaneces; y todos ellos se envejecerán como una vestidura, y como un vestido los envolverás, y serán mudados; pero tú eres el mismo, y tus años no acabarán"

Hebreos 13: 8 "Jesucristo es el mismo ayer, y hoy, y por los siglos"

Por lo tanto, nosotros como hijos de Dios, como siervos de Jesucristo lo que podemos hacer es la voluntad de Dios, no es que vamos a cambiar lo que ya Dios dispuso. Me llama la atención cuando muchas personas vienen con bombos y platillos anunciando una nueva revelación, en nuestro parecer, ya todo está escrito, pero puede ser que Dios de una estrategia nueva, pero no que un hombre diga que lo último, que lo más novedoso Dios se lo reveló solo a él. Hay que tener mucho cuidado con tantas doctrinas que están saliendo por el mundo, muchos falsos profetas y falsos maestros, mas Dios ha guardado un remanente de profetas, apóstoles y siervos fieles a su llamado.

Mateo 7: 15 "Guardaos de los falsos profetas, que vienen a vosotros con vestidos de ovejas; pero por dentro son lobos rapaces"

Dios sigue trabajando con millones de siervos alrededor del mundo, y debemos de estar confiados, que su voluntad y su palabra se cumplirá, a pesar de que hay muchas cosas en contra de la iglesia, pero sabemos que cuando ha habido persecución es cuando más ha crecido la iglesia.

El gobierno de Dios, está trabajando en nuestros días, sometámonos a la palabra y vivamos una vida en plenitud, viendo como la Gloria de Dios se manifiesta en estos últimos tiempos finales.

Cuando hablamos del gobierno de Dios, no es que, los apóstoles y profetas traen una nueva revelación y una nueva autoridad, inclusive como muchos dicen que va a ser mayor que la que hicieron los doce apóstoles de Jesús.

Los apóstoles de Jesús no trajeron una nueva doctrina, ellos hicieron lo que Jesús les enseñó. He visto en muchas naciones como pastores conocidos o apóstoles, dicen estos es lo nuevo, esto es lo nuevo, como si fuera una noticia de última hora. Como hemos dicho antes, ya todo está estipulado por la palabra de Dios, y lo que si puede cambiar es la estrategia e inclusive el nombre de la nueva estrategia.

Si queremos un gobierno de Dios, o un gobierno apostólico, debemos de usar el libro de los Hechos de los Apóstoles como guía. Recordemos que la palabra apóstol significa enviado, y nosotros creemos en los apóstoles, pero no en los que se dicen ser apóstoles sin serlo.

ALGUNAS CARACTERÍSTICAS DEL GOBIERNO APOSTÓLICO.

Estas características las tomaremos de la Biblia

1) El fundamento es de Cristo

> 1 Corintios 3: 10-11 "Conforme a la gracia de Dios que me fue dada, yo, como sabio

arquitecto, puse el fundamento, y otro edifica sobre él. Pero cada uno tenga cuidado cómo edifica encima. Pues nadie puede poner otro fundamento que el que ya está puesto, el cual es Jesucristo" *(BLA)*

2) Pastores y ancianos que cuiden las ovejas no que las manipulen

> 1 Pedro 5: 1-3 "Ruego a los ancianos que están entre vosotros, yo anciano también con ellos, y testigo de los padecimientos de Cristo, que soy también participante de la gloria que será revelada: apacentad la grey de Dios que está entre vosotros, cuidando de ella, no por fuerza, sino voluntariamente; no por ganancia deshonesta, sino con ánimo pronto; **no como teniendo señorío sobre los que están a vuestro cuidado**, sino siendo ejemplos de la grey"

3) Los apóstoles y profetas no son mediadores, son siervos de Dios.

> 1 Timoteo 2: 5-6 "Porque hay un solo Dios, y un solo mediador entre Dios y los hombres, Jesucristo hombre, el cual se dio a sí mismo en rescate por todos, de lo cual se dio testimonio a su debido tiempo"

4) Los profetas traen revelación de las cosas de Dios.

> 2 Crónicas 20: 20 "Creed en Jehová vuestro Dios, y estaréis seguros; creed a sus profetas, y seréis prosperados"

5) Son hombres y mujeres que enseñan y corrigen lo deficiente.

> Tito 1: 5 "Por esta causa te dejé en Creta, para que corrigieses lo deficiente, y establecieses ancianos en cada ciudad, así como yo te mandé"

6) Comparten las cosas con todos los demás hermanos.

> Hechos 2: 44-46 "Todos los que habían creído estaban juntos y tenían todas las cosas en común; vendían todas sus propiedades y sus bienes y los compartían con todos, según la necesidad de cada uno. Día tras día continuaban unánimes en el templo y partiendo el pan en los hogares, comían juntos con alegría y sencillez de corazón" *(BLA)*

7) Los milagros y señales es asunto de todos los días.

> Hechos 19: 11-12"Y hacía Dios milagros extraordinarios por mano de Pablo, de tal manera que aún se llevaban a los enfermos los paños o delantales de su cuerpo, y las enfermedades se iban de ellos, y los espíritus malos salían"

8) Los apóstoles verdaderos vienen acompañados de señales y milagros como evidencia y no son carga para los hermanos.

> 2 Corintios 12: 12-13 "Las marcas distintivas de un apóstol, tales como señales, prodigios y milagros, se dieron constantemente entre ustedes. ¿En qué fueron ustedes inferiores a las demás iglesias? Pues sólo en que yo mismo nunca

les fui una carga. ¡Perdónenme si los ofendo!"(NVI)

Estas características son solo algunas, qué se supone sean así en las iglesias que se le llama apostólicas. Las que ejercen el gobierno apostólico, un gobierno teocrático, no democrático. Teocrático porque es conforme a la voluntad de Dios, por medio del Espíritu Santo, y no democrático por medio de una votación de un grupo de hombres.

Toda iglesia que esté trabajando con el gobierno apostólico, deben de tener señales y milagros en el área de salud, de familia y en la restauración espiritual de los creyentes, además que sea una comunidad llena de fe y de amor los unos con los otros. Y no solo que prediquen prosperidad económica. Una iglesia bendecida y prosperada, no tendrá necesidades económicas, pero hay que tener presente que lo económico no es lo primordial.

LA COBERTURA

Este tema como dicen popularmente "tiene mucha tela que cortar". Hay personas que están en contra de las coberturas, porque alegan que no hay ningún pasaje que sea precisamente, una dirección dejada por Dios para esto.

Pero si vemos las diferentes denominaciones del cristianismo, entre ellas las iglesias; católicas, bautistas, evangélicas, bíblicas, pentecostales, luteranas, metodistas etc., todas ellas "trabajan bajo la misma cobertura". Si una iglesia católica va a fundar otra en otro pueblo o ciudad, ellos dirán, es una iglesia nuestra, así lo podemos decir del bautista o de la pentecostal. Ellas ayudan y apoyan a la nueva iglesia que está en formación, de acuerdo a su doctrina, sus costumbres y lo que ellos interpretan de acuerdo a la Biblia. Con la única diferencia que no todos están de acuerdo con que el líder sea un apóstol, teniendo claro que esa palabra significa "enviado"

Entonces, en una cobertura apostólica, podemos decir que es una iglesia que ayuda a otra, que está en formación. El apoyo no es un asunto meramente económico. Esto conlleva a cosas más importantes que el dinero.

La cobertura es sumamente importante, pero no hay cobertura sino existe relación. Esto es un asunto de relación, apóstol, pastores y ministros. Tiene que existir mucha comunicación, oración, visión y algo que se ha torcido mucho, que es respecto a la paternidad. Paternidad, no es decir que el apóstol es un padre de multitudes, que a muchos ni conoce.

En nuestra vida humana, el ejemplo de paternidad, esta distorsionado ya que las familias, han sido desmembradas. Pero la paternidad o el modelo del Padre, no es el humano sino el divino.

Esto tiene que ver con varios puntos, de parte del padre espiritual, y del hijo espiritual, por ejemplo:

PADRE ESPIRITUAL.

Formación apostólica, impartición apostólica y profética *(lo que sabemos enseñamos, pero lo que tenemos impartimos)*, amor, cuidado, apoyo en oración, ayuno, visitas periódicas a sus hijos *(hasta donde sea posible)*, corrección, llevar revelación, instrucción entre otras cosas.

HIJOS ESPIRITUALES.

Fidelidad, sometimiento espiritual (no es esclavitud), honra, transparencia, compromiso de oración para la cobertura (Ministerio), dar el diezmo de diezmos, trabajar en la formación de discípulos apostólicos, entendiendo el gobierno de Dios aquí en la tierra. Estas cosas por mencionar algunas.

Hay un pasaje que muchos han tomado para explicar lo de la cobertura.

> Isaías 4: 5-6 "Y creará Jehová sobre toda la morada del monte de Sion, y sobre los lugares de sus convocaciones, nube y oscuridad de día, y de noche resplandor de fuego que eche llamas; porque sobre toda la gloria habrá un dosel, y habrá un abrigo para sombra contra el calor del día, para refugio y escondedero contra el turbión y contra el aguacero"

Este mismo pasaje lo leemos de las versiones, Biblia de las Américas, y Nueva Versión Internacional.

> Isaías 4: 5-6 "entonces el SEÑOR creará sobre todo lugar del monte Sion y sobre sus asambleas, una nube durante el día, o sea humo, y un resplandor de llamas de fuego por la noche; porque sobre toda la gloria habrá un dosel; será un cobertizo para dar sombra contra el calor del día, y refugio y protección contra la tormenta y la lluvia" (BLA)

> Isaías 4: 5-6 "Entonces el SEÑOR creará una nube de humo durante el día y un resplandor de fuego llameante durante la noche, sobre el monte Sión y sobre los que allí se reúnan. Por sobre toda la gloria habrá un toldo que servirá de cobertizo, para dar sombra contra el calor del día, y de refugio y protección contra la lluvia y la tormenta" (NVI)

De ahí toman, el abrigo, el toldo, la sombrilla, el dosel, para simbolizar, la cobertura, pero esa cobertura no es de ningún hombre, sino de la misma presencia de Dios.

Pero estos versículos están describiendo los días de la peregrinación de Israel por el desierto, la protección, la guía y la Gloria de Dios Padre.

Estas situaciones las siguen celebrando el pueblo judío cada año en la Fiesta de los Tabernáculos.

No queremos entrar en discusiones, pero si queremos ir a la palabra, para poder entender lo que es una cobertura. En ese mismo pasaje de Isaías cuatro, vemos algo que se toma hoy en día.

> Isaías 4: 1 "Echarán mano de un hombre siete mujeres en aquel tiempo, diciendo: Nosotras comeremos nuestro pan, y nos vestiremos de nuestras ropas; solamente **permítenos llevar tu nombre**, quita nuestro oprobio"

Hay iglesias o Ministerios, que no necesitan de ayuda económica, pero si necesitan ayuda ministerial. En nuestro Ministerio Internacional Dios Proveerá nos escriben de muchos países para solicitar cobertura, casi en la mayoría de los casos, piden la cobertura, porque piensan que la cobertura es una ayuda económica, o él envió de dinero para construir la iglesia. En una oportunidad, nos escribieron pidiendo la "cobertura", para un orfanato, donde se alimentaba a más de doscientos (200) niños, y querían que les ayudáramos con la comida mensualmente.

Entonces, existen personas que piensan que la cobertura es que un Ministerio los ayude o los mantenga con sustento económico, y también hay otros Ministerios que ofrecen la "cobertura" a cambio de los diezmos y de regalos "especiales" para el "ungido" del Señor. Para nosotros ambos casos están errados. Lo que por gracia recibimos, por gracia damos.

Con esto no estamos en contra de los diezmos ni de las ofrendas, pero no es un asunto para negociar.

> 1 Pedro 5: 2 "Apacentad la grey de Dios que está entre vosotros, cuidando de ella, no por fuera, sino voluntariamente; no por ganancia deshonesta, sino con ánimo pronto"

Este mismo versículo en otra versión dice:

> 1 Pedro 5: 2 "Cuiden de las ovejas de Dios que han sido puestas a su cargo; háganlo de buena voluntad, como Dios quiere, y **no forzadamente ni por ambición de dinero, sino de buena gana**" (DHH)

Pero también la Biblia nos enseña respecto a los siervos de Dios, que no viven del aire, también los siervos de Dios tienen necesidades como los demás mortales, y necesidades físicas y económicas.

Porque cuando Pedro les está hablando a los ancianos de la iglesia, que deben de trabajar por voluntad propia y no por avaricia del dinero, no dijo que no se les ayudara, que no le compartieran de lo que tienen, ahí Pedro les está hablando a los ancianos.

Jesús le habla a los discípulos respecto al obrero, y Pablo le habla a los creyentes o sea a la iglesia.

> Juan 4: 36 "El que trabaja en la cosecha recibe su paga, y la cosecha que recoge es para vida eterna, para que tanto el que siembra como el que cosecha se alegren juntamente" (DHH)

> 1 Timoteo 5: 17-18 "Los ancianos que gobiernen bien, sean tenidos por dignos de doble honor, mayormente los que trabajan en predicar y enseñar. Pues la Escritura dice: No pondrás bozal al buey que trilla; y: Digno es el obrero de su salario"

> Gálatas 6: 6 "El que recibe instrucción en el mensaje del evangelio, debe compartir con su maestro toda clase de bienes" (DHH)

Por eso, es mejor hacer caso a la palabra y honrar a los que le sirven a Dios, pero que no sea por manipulación. Ni una persona le puede dar dinero a algún siervo de Dios a cambio de una palabra profética, ni un siervo de Dios debe de ministrar a otros a cambio de dinero.

Lo digo porque hay personas que van donde un profeta como los del mundo van donde el adivino, eso no puede ser. Y otros que son usados por Dios, no oran sino pasan la factura, eso tampoco debe de ser así.

Creo que debemos de ser equitativos, el que recibe la instrucción de Dios debe de estar consciente de que el obrero es digno de su salario, y el que ministra, aunque la persona no le de nada, no debe de olvidar que Dios tiene cuidado de cada uno.

> 2 Corintios 9: 6 "Pero esto digo: El que siembra escasamente, también segará escasamente; y el que siembra generosamente, generosamente segará"

> Gálatas 6: 7 "No os engañéis; Dios no puede ser burlado: pues todo lo que el hombre sembrare, eso también segará"

Un apóstol, o sea el Ministerio Quíntuple que da la "cobertura" debe de cuidar a sus rebaños, debe de trabajar fuertemente con los demás miembros del Ministerio Quíntuple, perseverando en la oración y en la palabra. Capacitando a otros, y evangelizando siempre. Pero tiene que tener un amor como "paternal". Un apóstol (que da cobertura) es aquel que recibe y toma a hombres que no tienen dirección, propósito y destino y les enseña, los ama y los ayuda a encontrar su el rumbo de su vida en Dios.

La cobertura es necesaria, en la Biblia nunca encontramos iglesias "solas", todas trabajan en equipo con un presbiterio profético y apostólico.

Pero hay una cobertura que nunca falla, esa es la cobertura Jesucristo y del Espíritu Santo.

Mateo 18: 20 "Porque donde están dos o tres congregados en mi nombre, allí estoy yo en medio de ellos"

Con esta cobertura todo es posible, y nada de lo malo, puede afectar. Aleluya.

Ejemplo de la jerarquía divina

Este es un ejemplo de cómo es el gobierno apostólico. Muy contrariamente a lo que se cree, un apóstol, no es la máxima autoridad.

Cuando se trabaja de esta manera hay un balance equilibrado, siendo Dios el Todo, Jesucristo la cabeza y trabajando junto al cuerpo el Espíritu Santo y el Ministerio angelical.

Un gobierno eclesiástico sin algunos ministerios, dará una iglesia desequilibrada.

Dios quiere que trabajemos en la unidad, hasta que lleguemos a la estatura del hijo de Dios.

Efesios 4: 11-16 "Y él mismo constituyó a unos, apóstoles; a otros, profetas; a otros; evangelistas; a otros pastores y maestros, a fin de perfeccionar a los santos para la obra del ministerio, para la edificación del cuerpo de Cristo, hasta que todos lleguemos a la unidad de la fe y del conocimiento del Hijo de Dios, a un varón perfecto, a la medida de la estatura de la plenitud de Cristo; para que ya no seamos niños fluctuantes, llevados por doquiera de todo viento de doctrina, por estratagema de hombres que para engañar emplean con astucia las artimañas del error, sino que siguiendo la verdad en amor, crezcamos en todo aquel que es la cabeza, esto es, Cristo, de quien todo el cuerpo, bien concertado y unido entre sí por todas las coyunturas que se ayudan mutuamente, según la actividad propia de cada miembro, recibe su crecimiento para ir edificándose en amor"

Jesucristo nunca falla, sigamos tomados de la mano de Él, y del Espíritu Santo como nuestro amigo fiel.

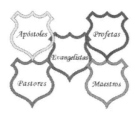

9

LA PATERNIDAD ESPIRITUAL

La paternidad no se escoge, la paternidad se da. De mis hijos yo nunca escogí a ninguno, claro que se lo pedimos al Señor que naciera, pero ni sabíamos si era hombre o mujer, o si se parecería más a mi o a la mamá.

> Juan 15: 16 "No me elegisteis vosotros a mí, sino que yo os elegí a vosotros, y os he puesto para que vayáis y llevéis fruto, y vuestro fruto permanezca; para que todo lo que pidáis al Padre en mi nombre, él os lo dé"

Así es la paternidad espiritual. Dios nos ha dado padres espirituales. Personas que desde antes de nacer espiritualmente, estaban orando por sus hijos espirituales.

Ahora es muy común escuchar hablar de hijos y padres espirituales. Un padre nunca le va a desear el mal a su hijo, y un hijo siempre va a reconocer a su padre aunque este tenga muchos errores. Pero el padre que no falla, es nuestro Padre Eterno, Dios de los ejércitos.

> Mateo 7: 9-11 "¿Qué hombre hay de vosotros, que si su hijo le pide pan, le dará una piedra? ¿O si le pide un pescado, le dará una serpiente? Pues si vosotros, siendo malos, sabéis dar buenas dadivas a vuestros hijos, ¿Cuánto más vuestro Padre que está en los cielos dará cosas a los que le pidan?"

Nuestro ejemplo perfecto de paternidad, lo tenemos de nuestro Padre Celestial. Yo he tratado a muchas personas que por una u otra razón, su padre terrenal no estaba, ya que sea que murió, los abandonó o nunca lo conocieron. Estas personas, en su mayoría, tienen problemas en reconocer a Dios como Padre, lo reconocen como Dios pero no como Padre. Entonces si no reconocen a Dios como Padre, ¿cómo van a reconocer a un apóstol o pastor como padre espiritual? Aquí se puede confundir mucho, la parte espiritual con la emocional.

> Lucas 12: 29-32 "Vosotros, pues, no os preocupéis por lo que habéis de comer, ni por lo que habéis de beber, ni estéis en ansiosa inquietud. Porque todas estas cosas buscan las gentes del mundo; pero vuestro Padre sabe que tenéis necesidad de estas cosas. Mas buscad primeramente el reino de Dios, y todas estas cosas os serán añadidas. No temas, manada pequeña, porque a vuestro Padre le ha placido daros el reino"

Si la misma Palabra nos dice que no debemos de preocuparnos, ¿por qué muchos "padres espirituales", les piden tanto a sus hijos? Yo creo que cuando los hijos están recién nacidos o son niños, la obligación es del padre velar para que su hijo crezca bien.

> Proverbios 22: 6 "Instruye al niño en su camino, y aun cuando fuere viejo no se apartará de él"

Si criamos bien a nuestros hijos, cuando sean grandes no se apartarán. Pero hablar de paternidad muchos lo ven como una moda (cuando no es una moda es completamente bíblico) decir que tienen hijos o que tienen padres espirituales, y la verdad, hay muchos que no son hijos y otros que mucho menos son padres espirituales.

Ha existido un error en muchos al decir que quieren ser padres espirituales, y por ese motivo andan buscando hijos espirituales. De una manera muy cruda puedo decir que hay padres que andan buscando hijos con tal de que sus "hijos espirituales" los mantengan económicamente con sus ofrendas y diezmos. Y otros "hijos" que andan buscando "padres" que le construyan el templo y le aporten todo lo que materialmente necesitan. Cuando el propósito primordial de ser padre o hijo espiritual, se enfoca principalmente en un asunto económico, esa relación no va a terminar en bendición.

> 1 Corintios 4: 15 "De hecho, aunque tuvieran ustedes miles de tutores en Cristo, padres sí que no tienen muchos, porque mediante el evangelio yo fui el padre que los engendró en Cristo Jesús" (N.V.I)

El apóstol Pablo les escribe a los Corintios que él fue el que les presentó el evangelio, él los vio nacer. No así, muchos pueden ser maestros, pero padre solo él. Es por eso que si existe la paternidad. Nuestro Dios es Padre, y Jesús es hijo. Así que los que están en contra de la paternidad, no han entendido el modelo de Dios y su hijo amado Jesucristo.

Abraham es padre de multitudes (muchas gentes Romanos 4: 17) El padre hereda a los hijos, no los hijos a los padres. Pero también los hijos deben de honrar a sus padres, que es el primer mandamiento con promesa. (Efesios 6: 2)

El apóstol Pablo da una explicación de cómo debe de ser la relación de padres a hijos respecto a lo material.

> 2 Corintios 12: 14 "Miren por tercera vez estoy listo para visitarlos, y no les seré una carga, pues no me interesa lo que ustedes tienen sino lo que ustedes son. Después de todo, no son los hijos los que deben de ahorrar para sus padres, sino los padres para los hijos" (N.V.I)

Pablo les dice que él no ha sido una carga para ellos (los corintios) y que no le interesa lo material de ellos, sino ellos como personas nuevas en Cristo Jesús.

Con este ejemplo digno de imitar, como es posible que muchos actuales apóstoles o padres espirituales, les exigen a los hijos su manutención. Conozco a ministros amigos míos que sus apóstoles les hablan de honrar, y claro la Biblia así lo expresa. Dice que hay que honrar a nuestros padres y madres. Pero cuando estos "padres" tienen eventos grandes a nivel internacional, los hijos tienen que estar sentados en las primeras sillas, lo tremendo y sorprendente es que no es de gratis. Si es hijo y quiere estar en las primeras sillas, tiene que pagar un boleto de mayor nivel, por sentarse al frente. Esto da vergüenza.

Cuando seguimos leyendo en Corintios los versículos siguientes, les dice que él con todo gusto gastará no solo en él, sino en sus hijos.

> 2 Corintios 12: 15-17 "Así que de buena gana gastaré todo lo que tengo, y hasta yo mismo me desgataré del todo por ustedes. Si los amo hasta el extremo, ¿me amaran menos? En todo caso, no les he sido carga. ¿Es que soy tan astuto, les tendí una trampa para estafarlos? ¿Acaso los exploté por medio de alguno de mis enviados? (N.V.I)

En este caso el apóstol Pablo les pregunta irónicamente ¿que si él les tendió una trampa para estafarlos? Los corintios sabían que él no se había robado nada, pero siempre hay alguno que cuida lo que no es suyo y señala a quien no tiene que señalar. Posiblemente alguno decía "¿y el dinero que enviamos con Pablo a los demás hermanos? ¿Habrá llegado a su destino o Pablo la gasto a su conveniencia?". En el capítulo 8 de la segunda Carta a los Corintios, se habla de la ofrenda para los santos.

Pablo les dice que él va a gastar lo que es suyo, lo que honradamente se ha ganado, y no solo para él, sino que va a compartirlo con sus hijos. La verdad son pocos los que ahora proceden así.

La obediencia y el respeto es la que se le debe tener a nuestros padres espirituales. Y claro está, que a Dios sobre todas las cosas. El autor de hebreos nos dice:

> Hebreos 12: 9 "Por otra parte, tuvimos a nuestros padres terrenales que nos disciplinaban, y los venerábamos. ¿Por

qué no obedeceremos mucho mejor al Padre de los espíritus, y viviremos?"

Como decía al principio, si el modelo de paternidad terrenal esta distorsionado, entonces debemos de trabajar en la restauración de esa relación, para así poder entender lo espiritual.

Si una persona no vivió con sus padres, y no recibió el amor, cariño, y la comprensión, le va a ser muy difícil entender de una manera espiritual su relación con su padre espiritual, y es peligroso, que vea a su padre espiritual, como su padre biológico, y haya una confusión emocional que no es buena. En esto hay que orar y trabajar mucho con los hijos espirituales. Hay algunos hijos que crean dependencia de su padre espiritual, y no pueden tomar decisiones propias, porque ponen más confianza en el padre espiritual que en el mismo Señor Jesús.

Mateo 10: 37 "El que ama a padre o madre más que a mí, no es digno de mí; el que ama a hijo o hija más que a mí, no es digno de mi"

Esta declaración de Jesús es muy clara. El que prefiera a su padre o madre, o a su hijo o hija, más que a él, no es digno, o sea no merece ser de Jesús. Como cuerpo de Cristo nos necesitamos los unos a los otros, pero no pueden existir, privilegios o dependencia. La paternidad es algo lindo, es bendición si se sabe llevar y vivir a la luz de la palabra.

1 Tesalonicenses 2: 10-12 "Vosotros sois testigos, y Dios también, de cuan santa, justa e irreprensiblemente nos hemos comportado con vosotros los creyentes; así como también sabéis de qué modo, como el padre ama a sus hijos, exhortábamos y consolábamos a cada uno de vosotros, y os encargábamos que

anduvieses como es digno de Dios, que os llamó a su reino y gloria"

Aquí vemos la función paternal, exhortando y consolando. Nunca condenando. Nunca maldiciendo. Nunca despreciándolos. Todo lo contrario, con amor, paciencia y sabiduría de Dios ayudando a cada creyente como hijos amados. Esto no es lo mismo que ser permisivo con los hijos. Porque como también hay padres ejemplares en la Biblia, hay padres que fueron alcahuetas con sus hijos como el caso del sacerdote Elí (1 Samuel 2: 12-36)

En el caso de Elí, él era muy viejo como para cuidar las funciones del templo, y dejaba a sus hijos, que no conocían a Jehová, eran impíos. Y cuando ya era demasiado evidente el comportamiento de pecado, los llamó y los exhortó, pero muy suave, de acuerdo a su conducta, y ellos continuaron pecando, siendo manifiesto sus iniquidades. Hasta que Dios envió un profeta y le dio la palabra fuerte pero directa respecto a sus hijos. Y este decreto de Dios, cortó el linaje de la casa de Elí para que no continuaran en el servicio sacerdotal.

Así que hablar de paternidad, no es solo decir tengo hijos espirituales, o tengo un padre espiritual. Esto es más serio de lo que muchos pueden pensar. Es un asunto del Reino de los Cielos, que si no se aplica espiritualmente, como debe de ser, lo que va a ocasionar es heridas, malos entendidos, y muchas personas alejadas de las cosas de Dios.

> Proverbios 4: 1-2 "Oíd, hijos, la enseñanza de un padre, y estad atentos, para que conozcáis cordura. Porque os doy buena enseñanza; no desamparéis mi ley"

SOBRE EL AUTOR

El apóstol Eduardo Peraza-Segura nació en San José, Costa Rica.

Es el fundador y director del Ministerio Internacional Dios Proveerá y de R.A.P.I (Red Apostólica y Profética Internacional). Dios lo ha llevado por diferentes países a servir en la obra predicando y enseñando sobre el Reino de los Cielos, y la vida sobrenatural del Reino. Fue pastor en Houston Texas, en San José Costa Rica. Ha fundado iglesias en Costa Rica, Cuba y Estados Unidos.

Tiene un Doctorado en Teología, y una Maestría en Estudios Bíblicos de Leadership Theological University de la Florida. Es el pastor principal y fundador de la iglesia Casa de Adoración Jesucristo el Libertador en Killeen Texas.

Da cobertura y paternidad espiritual a diferentes iglesias y ministros de Latinoamérica y los Estados Unidos.

Ha escrito diferentes libros y manuales de estudio, creyendo en la Gran Comisión, "por tanto id y haced discípulos a todas las naciones"

Otros libros de Eduardo Peraza-Segura

www.diosproveera.org

EDUARDO PERAZA

El don profético, los profetas y la profecía

¡Adora sólo a Dios! El testimonio de Jesús es el espíritu que inspira la profecía

"Porque no hará nada Jehová el Señor, sin que revele su secreto a sus siervos los profetas"
Amós 3: 7

162

Ministerio Internacional Dios Proveerá

www.diosproveera.org

E-mail: ministerio@diosproveera.org

Made in the
USA
Middletown, DE